はじめに

アスリートの言葉は、なぜ多くの人の心を打つのでしょうか。

スポーツはよく「人生の縮図」であると言われます。目標のために努力すること、高みを追求し続けること、自分の弱さを認めることなど、スポーツには、人生で出くわすさまざまな場面が凝縮されています。

学生時代、スポーツに打ち込んできた方なら、そのころのことは、特に鮮明な記憶として残っているのではないでしょうか。人は、懸命にスポーツに取り組むアスリートを見て、そんな学生時代を思い出したり、スポーツをやっていなかったとしても、今の自分の状況に置き換えて考えたりすることができます。アスリートの姿は、誰もが自己投影しやすいものなのです。だからこそ、彼らの言葉に、人は共感をし、心を動かされるのではないかと思います。

この本では、古代ギリシアから、令和の現役選手まで、古今東西のアスリートの言葉を、366日分集めました。収録したのは、何かを達成したときの感動的な言葉だけではありません。負けたときの悔しい言葉、後悔の言葉も載せています。アスリー

トが達成や逆境の中で何を想ったのか。その背景と、そこからどのように成長していったのかを感じられるように、解説文を入れました。

また、選手だけでなく、監督、スカウト、実況アナウンサー、スポーツ用品メーカーの創業者、研究者など、スポーツを取り巻く人物の言葉も引きました。あらゆる視点から、スポーツを見つめることができます。

読み進めていくと、スポーツにおける言葉が、日常生活やビジネスにも当てはまることがいかに多いかを体感するはずです。また、名言が生まれた背景を知ることで、スポーツは、そのときの政治・世界情勢・人権問題などとも深いかかわりがあることがわかってきます。それらを1つにまとめることで、スポーツに詳しい方はもちろん、詳しくない方でも楽しめる本になりました。

私たちは、2020年に起こった新型コロナウイルスによるパンデミックの影響で、好きなスポーツや趣味だけでなく、仕事や日常生活でさえ、自由にできない状況に追い込まれました。気持ちが塞いだり、ネガティブな気持ちになったりした人も多かったのではないでしょうか。

しかしながら、世界には、予定されていた東京オリンピック2020の延期にも心折れることなく、来たるべき日に備えて、トレーニングを続けているアスリートがい

ました。また、1980年には、モスクワ五輪で西側諸国がボイコットしたことにより、五輪に出場できず、全盛期の選手生命を棒に振ることになったアスリートもいたのです。そのときに彼らが何を考え、どう乗り越えたのか。それも読み取っていただきたいと思っています。

ぜひアスリートの力強い言葉を通して、生命力やチャレンジ精神、元気や勇気を感じてください。また、もし周りに、気持ちが塞いでしまっている友人や家族がいる方は、この本をプレゼントとして贈っていただくのもいいかもしれません。

1日分は1分もあれば読むことができます。カレンダーに合わせて、1日1ページずつ読んでもいいですし、一気に読んでいただいてもかまいません。索引から、好きなアスリートを探して読むのも面白いでしょう。

名言を取りまとめるにあたり、多数の文献をリサーチしました。そのうえで、誰もが知るような名シーンを表す言葉、一般的ではないものの深みのある言葉、社会に一石を投じる言葉など、あらゆる状況の名言を厳選しています。366の言葉の中に、あなたの心情や価値観に合致する言葉が、きっと見つかるはずです。

人の望むものは、
ただ久しく
望んでいれば
達成できる。

ピエール・ド・クーベルタン

近代オリンピック創始者

フランスの教育者、ピエール・ド・クーベルタンをオリンピック創始に駆り立てたのは、スポーツによって人格陶冶や国際交流が行われる期待と、ギリシアでオリンピア遺跡（古代オリンピック開催地）の発掘がなされたことでした。スポーツの世界的な統一組織がない19世紀末。クーベルタンが各国で地道な草の根活動を繰り返し、ネットワークをつくっていったのです。いまや世界最大のスポーツの祭典となったオリンピックの創始者、クーベルタンの誕生日が今日、1月1日。新年の抱負を立てるこの時期に適した言葉です。

トップまで
行けるか行けないか
ではなく、
行くしかなかった。

柏原竜二

駅伝

2009年の箱根駅伝で鮮烈なデビューを飾った当時東洋大学1年の
柏原竜二。5区でたすきを受け取ったのはトップから4分58秒差の
9位。そこから猛烈な追い上げで次々と前の選手をかわし、ついに
トップでゴールしました。毎年ドラマが起こる箱根駅伝の歴史でも、
有数の大逆転劇。これは、ムック『箱根駅伝100人の証言』の中で、
そのときの心境を問われた言葉です。目の前の選手を1人ひとり抜
いていくことだけを考えた結果の優勝。これを機に「新・山の神」と
呼ばれるようになり、4年連続で5区区間賞を獲得しました。

駄馬軍団でも、
距離の長い
箱根だからこそ、
勝つチャンスはある。

岡田正裕

駅伝

2006年の箱根駅伝は、前評判の高かったチームを差し置いて、ノーマークに近い存在だった亜細亜大学が総合優勝を果たしました。そのときの監督が岡田正裕。実はこの年、亜細亜大学は往路優勝も復路優勝もしていません。しかし、往路と復路の合計タイムが最も早かったのです。監督が「駄馬軍団」と評するように、エースや大砲不在のチームが、総合力で勝ち取ったレースでした。長い距離だからこそ、ブレーキになる選手を出さず、チーム全員で力を発揮するまとまりが重要である、ということを体現したのです。

体がついていかない
のではなくて、
心がついて
いかなくなった時が
自分の潮時。

井原正巳

サッカー

大学在学時から日本代表に選ばれ、横浜ＦマリノスのキャプテンとしてＪリーグ優勝にも大きく貢献した井原正巳の言葉です。年齢を重ねた井原は1999年、マリノスから戦力外通告を受けます。周囲は引退を予感しますが、井原の選択は、大学時代からの戦友である中山雅史のいるジュビロ磐田への移籍でした。まだ心の炎は燃え続けていたのです。人を動かす原動力は、体よりも心にあるということを実践していきました。1月4日は井原の引退試合が行われた日。彼はこの試合でゴールを決め、有終の美を飾りました。

ほしいものがあったとしたら、
たとえどんな環境であろうとも、
手に入れようとする
努力はできるはずです。
そこに向かっていく過程が、
誰かに影響を与えたら
それが自分自身の刺激になりますし、
そこに自分が生きていく
意味があります。

越川優

ビーチバレーボール

Web「VICTORY」(2018年7月28日)での言葉です。17歳での日本代表選出、エースとして日本男子16年ぶりのオリンピック出場に貢献など、バレーボール界で数々の功績を残してきた越川優。2017年のこの日、ビーチバレーボールへの転向を発表しました。その目に映っていたのは、東京オリンピック。3年計画でビーチバレーでのオリンピック出場を目指したのです。その後、2020年の東京オリンピックが延期。それを受け、2020年秋からは再びインドアバレーボールチームにも所属し、二刀流でトップを目指し続けています。

絶好調です！

中畑清

野球

「絶好調」を口癖とし、プロ野球で活躍した中畑清。実は「絶好調」は、もともと中畑の口癖ではありませんでした。巨人の監督だった長嶋茂雄に、あるとき「調子はどうだ？」と問われ、「まあまあです」と回答。それを聞いていたコーチから「そんなんじゃ使ってもらえないぞ。絶好調と言っておけ」と注意されたことが発端でした。明るいキャラクターと、「絶好調です！」という口癖で、多くの人に愛される選手となり、引退後も解説者や横浜DeNAベイスターズの監督を務め、世間を楽しませてきた中畑は1月6日が誕生日です。

その1秒を
けずり出せ。

酒井俊幸

駅伝

初優勝から3連覇がかかった2011年の箱根駅伝で、酒井俊幸監督率いる東洋大学は、トップの早稲田大学と21秒差の総合2位となりました。21秒は、10人で走る箱根駅伝では1人あたり約2秒。そのわずかな差で敗れた悔しさを肝に銘じるため、次シーズンのチームスローガンとなったのがこの言葉でした。そして、2012年の箱根駅伝では、2位に9分以上の大差をつけての総合優勝。圧勝の裏側には、たすきをつなぐチーム全員が1秒を「けずり出す」取り組みがあったのです。

不安ですよ。
不安で
仕方がないですよ。
だからこそ、
休む勇気が必要だと
思うんです。

上原浩治

野球

プロ1年目に20勝を挙げて、新人王、ベストナイン、沢村賞など
数々のタイトルを獲得した上原浩治。さらに、自分自身を雑草に例
えた「雑草魂」という言葉は、その年の流行語大賞にも選ばれまし
た。『Number』(492号／2000年3月)でのこの発言は、プロ2年
目を迎えるキャンプ終了後に出たもの。どんなに結果を残しても不
安はぬぐえないこと、そして、焦りから体を酷使するのではなくしっ
かりと休むことの大切さを上原は熟知していました。地に足のつい
た姿勢が、のちのメジャーリーグ挑戦へとつながっていきます。

何もなしに
「自主的に判断しろ」
と言っても
できるはずが
ありません。

佐々木則夫

サッカー

佐々木則夫は女子サッカー日本代表監督として、チームをW杯初優
勝、ロンドン五輪銀メダル獲得に導いた名将です。その功績が認め
られ、2012年のこの日にFIFA女子世界年間最優秀監督賞を受賞し
ました。これまで、監督と選手の上下関係が厳格で、頭ごなしに指
導する風潮があった女性スポーツの常識を、一気に覆すような柔和
な表情や接し方は、当時話題となりました。しかしその指導は、す
べて自由放任ではありません。チームとしての「基準」があるからこ
そ、いいチームができあがることを佐々木は知っていたのです。

（父・栄勝さんが）金メダルは
スーパーでは売ってないんだぞ、って。
頑張って練習をして強くなって、
勝った子にしかもらえないって。
そこからすごく練習をするようになった。

吉田沙保里

レスリング

吉田沙保里が、中京テレビ「母と娘の金メダル〜吉田沙保里、幸代
〜」（2019年3月16日）で語った言葉です。家族みんなで同じこと
に取り組むという父・栄勝さんの方針により、兄と同じレスリング
道場に入門。初めて出場した大会で敗れたとき、他の選手が首から
さげている金メダルを見て「あれが欲しい！」と思ったことが、吉田
の競技人生の転機になりました。敗北から強さを得て、オリンピッ
クで3度の金メダル、世界大会16連覇などの偉業を達成。2019年、
吉田が引退会見を行ったこの日に。

砂漠に
置いてきた
忘れ物を
取りに来た。

増岡浩

モータースポーツ

砂漠やジャングル、山岳地帯などを舞台に毎年1月に行われるモータースポーツのレース、ダカール・ラリー。増岡浩は、世界一過酷と言われるこのレースに1987年から参戦し、2002年、15回目の挑戦で悲願の優勝を飾りました。実は増岡は、前年のレースでも勝っていたはずでした。しかし、ライバルチームの妨害行為や主催者のタイム集計ミスが重なり、不遇な2位に終わっていました。この言葉の砂漠に置いてきた「忘れ物」とは、そのときに取り損ねた「優勝」という栄冠だったのです。

とにかく
チーム一丸となってやる、
また自分がとにかく
今やるんだという
気持ちさえ持っていれば、
なんとなく手が届く、
そして、実際届いた。

荻原健司

スキー

1月12日が「スキーの日」だと知っている人は少ないかもしれません。1911年に、オーストリアのレルヒ少佐が新潟の青年将校にスキー指導を行ったことが由来となっています。日本におけるスキー競技の第一人者で、現役時代は「キング・オブ・スキー」とも呼ばれた荻原健司は、アルベールビル、リレハンメル五輪団体で2大会連続の金メダル。個人競技の要素も強いスキーでも、チームの結束によって世界一を獲ることができるという実感のこもった、書籍『101個の金メダル』のインタビューでの言葉です。

第二の
マイケル・ジョーダンは
現れないだろう。
そして、
私も他の選手に
マイケル・ジョーダンに
なれとは言わない。

マイケル・ジョーダン

バスケットボール

スポーツの世界では、期待の新星を言い表すとき、過去の偉大な選手と比較して「第二の〇〇」「〇〇二世」と呼ぶことが多いものです。しかし、バスケットボールのスーパースター、アメリカのマイケル・ジョーダンは、1999年のこの日に行われた引退会見で、「第二のマイケル」は現れないと公言し、他の選手がマイケル・ジョーダンになることも求めませんでした。それは、自分が積み上げてきたものへの自負と、選手にはそれぞれの個性があり、「誰かを模倣することではない」という主張にも感じられます。

木彫りの鶏になれなかった。

双葉山

相撲

第35代横綱の双葉山は、1936年1月から1939年1月にかけて、前人未到の69連勝という連勝記録を打ち立てました。およそ3年間負け知らずのこの記録は、2021年5月現在まで破られていません。連勝が止まった70戦目の後、知人宛に打った電報の内容がこの言葉。「木彫りの鶏（木鶏）」には、徳を充実させ、いかなる敵にも泰然としているさまという意味が込められています。双葉山は、師と仰いだ安岡正篤から木鶏について教えを受け、敗戦後に、自分はまだまだであるという反省を知人に伝えたのです。

夢って言葉、
好きじゃないです。
色んなことは
夢じゃなくて、
目標ですから。

松坂大輔

野球

高校野球の世界で「平成の怪物」と謳われ、プロに入ってからも1年目で16勝を挙げて新人王になり、あっという間に西武ライオンズのエースとなった松坂大輔。この言葉は2年目のシーズンを前に、『Number』(488号／2000年1月)で話したものです。実現したいことを、「夢」という遠いイメージの言葉ではなく、明確な「目標」に置き換えて突き進む。その意識が松坂を怪物に育て上げたのでしょう。松坂は2年目以降も活躍を続け、WBC優勝に貢献、メジャーリーグへ挑戦し、ワールドシリーズ優勝も果たしました。

土俵人生に一片の悔いなし。

稀勢の里

相撲

日本出身力士として 19 年ぶりの横綱に昇進した稀勢の里は、周囲からの期待を一身に背負う、責任感の強い力士でした。しかし、昇進直後の場所でケガを負い、休場が続いてしまうことになります。その日々を「このまま引退するか、それとも頑張るか。毎日葛藤しながらやっていた」と振り返ります。そして、再起をかけた場所で 3 連敗を喫し、引退を決断。2019 年 1 月 16 日の引退会見で発したこの言葉には、これまで背負ってきたプレッシャーや孤独、葛藤などが集約されていました。

力士は
勝ちたい、勝ちたい
とばかり思っていると、
獣みたいになって
しまうんですよ。
それじゃ駄目なんです。

11代目 二子山親方

相撲

大関貴ノ花として活躍し、昭和の角界屈指のスター力士だった11代目二子山親方。2005年に死去するまで、息子である若貴兄弟をはじめ多くの力士を育て上げました。生前よく語っていたこの言葉は、力士がいかに周囲の目にさらされ、プレッシャーと闘っているかを物語っています。勝利に執着しすぎると、周りが見えなくなり、相手への敬意を忘れてしまう。よく、自由にふるまう力士を批判して「品格が問われる」といった表現がされるように、力士は常に自分を律することを求められるのです。二子山親方の現役引退日に。

プロ選手のひとりとして、
会場の席を埋め、
来てもらったお客さんには
楽しんでもらわなければ
いけない。

四元奈生美

卓球

四元奈生美は「卓球界のジャンヌ・ダルク」と呼ばれたプロ卓球選手。地味で暗いというイメージが定着していた卓球を盛り上げるべく、華やかなウェアで試合に臨んでいました。初めて自分でデザインした衣装で出場した、2007年の1月18日からの全日本選手権。まるでフィギュアスケートのような衣装とメイクで試合に臨んだのは、彼女が「プロ卓球選手」として、来てくれた観客を楽しませるという責務を感じていたからなのです。これは、四元が大会後にWeb「楽天スポーツ」（2007年3月14日）で語った言葉です。

悪条件であるほど、普段負ける相手にも勝つチャンスは見いだせる。

今井正人

駅伝

箱根駅伝で3年連続山登りの5区を走って圧倒的な適性を見せ、最初に「山の神」と呼ばれた今井正人。書籍『増補版 箱根駅伝』の中で「暑いとか寒いとか雨のときには、僕はチャンスだと思うことが多かった」と語っています。多くの人が嫌と感じる状況を「チャンス」と捉える感覚が、小さいころから今井にはあったと言います。山登りの5区が、「華の2区」と呼ばれるエース区間に匹敵する注目度となったのも今井の快走があってこそ。その後、同郷の柏原竜二の台頭もあり、5区は学生にとって新たな憧れの区間となりました。

エベレストには登ったけど、まだ富士山には登っていない。

斉藤仁

柔道

今日は柔道家、斉藤仁の命日。生前、本人が語った言葉として「Web東奥」（2020年4月29日）で紹介されました。オリンピックで2大会連続の金メダルを獲得し、世界一の称号を得ながら、どうしても超えられない壁がありました。その壁とは、先輩の山下泰裕。山下との対戦は合計8度ありましたが、2度オリンピックチャンピオンになった斉藤は、1度も勝つことができませんでした。「山下さんに勝つまでは他の選手には絶対負けられなかった」と、先輩を超えることを目指したからこそ、不屈の闘志で戦い続けられたのです。

スポーツに自己犠牲など
ありえないと思う。
自己を生かすことが
チームを
生かすことなんだ。

平尾誠二

ラグビー

1月21日に生まれた平尾誠二は、その実績、情熱、カリスマ性から
「ミスター・ラグビー」と呼ばれ親しまれました。19歳で日本代表に
選出され、所属先の神戸製鋼で日本選手権7連覇、W杯にも3度
出場。これは、34歳から務めた日本代表監督時代に発した言葉で
す。コンタクトスポーツであるラグビーは特に、チームへの献身が
求められる傾向にありますが、平尾は「自己犠牲などありえない」と
一蹴しました。自分のために、自分で考えて動く意識を浸透させる
ことで、選手たちをポジティブに変えていったのです。

僕のことを昔から
見てくださっているファンの方は、
選んだ道が田中らしくないなと
思われたと思うんです。
名門じゃなくて、
もっと弱いチームを選ぶんじゃないかと。
でも自分が今まで、そういう道を
結果的に歩いてきたからこそ、
これまでとは違うところに行って
自分を成長させたいと思ったんです。

田中将大

野球

NHK「プロフェッショナル仕事の流儀」(2017年5月1日) で、田中
将大はこう語りました。2014年のこの日、田中はメジャーリーグの
名門、ニューヨーク・ヤンキースとの契約合意を発表しました。こ
れまでの所属では全国優勝を果たした駒大苫小牧高校も、楽天
イーグルスも、当時は実績のほとんどない無名チームでした。メ
ジャー移籍の際も名門チームは選ばないのではないかという世間
のイメージがある中で、ヤンキース移籍を決断したのです。自分の
成長を常に第一に考える田中の、強い意思を感じる言葉です。

目先の勝敗にとらわれず、
基本に忠実な正しい稽古を
地道に重ねる。
それが大成への
大道である。

一川一
剣道

剣道教士八段の一川一(いちかわ・はじめ)は、父・格治からのこの教えを拠りどころにしています。「勝ちさえすればよいという試合や、それを目的とした稽古をしていたのでは、決して本物にはなれない」という意味が込められています。どうしても「勝敗」にこだわりがちな現代のスポーツのあり方に対し、「道」とは何かを突き詰めていく重要性を再確認させられます。剣道やその他の武道に限らず、他のスポーツ、ひいては人生においても示唆をくれる教えとなっています。『致知』(2013年5月号)より。

対すれば相和す。

塩田剛三

合気道

塩田剛三は、合気道の開祖である植芝盛平に入門し、のちに道場「合気道養神館」を設立した武道家です。合気道の技は、相手の力や動きを利用してかけるものです。その真髄を塩田は「対すれば相和す」と表現しました。自分と相手は一体となって初めて技が成り立つ。2つに分かれ、対立するものではないということです。動きに逆らわずにいい方向へと導いていくことこそが、他とは違う合気道の大きな特徴であり、その精神が一般社会に広まっていくことを、塩田は願いました。

〝2〟が、中国で
どんな意味を持つか知っている？
〝2〟はね、〝愚か者〟って意味なのよ。
将来は2人の子供と、
2匹の犬が欲しいわ。
〝愚か者〟のままで行こうっと！

リー・ナ

テニス

中国のプロテニス選手、リー・ナ。自己最高の世界ランキング2位は、アジア人として当時最高の成績でした。これは、米雑誌『スポーツ・イラストレイテッド』（2014年9月）での言葉。中国で愚か者の意味を持つ「2」を、リーが誇りに思う理由は、遠征費などの支援の代わりに、獲得賞金の65％を納めるという、中国テニス協会の慣習から抜け出したことにあります。練習場所や費用を自分で確保するなど、自由であり困難でもある道を選んだ彼女は、2014年のこの日に全豪オープンを制し、〝愚か者〟の勇気と実力を証明しました。

僕らは、
多くの戦いの試練を
潜り抜けてきた。
今、何をやればいいか
わかっているだろ。

コービー・ブライアント

バスケットボール

2020年1月26日、不慮の事故で命を落としたアメリカのコービー・ブライアントの死は、多くの日本人にも悲しみを与えました。『Number』(553号／2002年7月)でのこの言葉は、NBAファイナルでチームメイトに投げかけたもの。当時23歳の若さでしたが、すでに6シーズン目、NBAファイナルも3度目という"ベテラン"でした。20年のキャリアを通してトッププレイヤーの地位であり続け、バスケットボール殿堂入りも果たしているコービー。彼の若き日の言葉には、不思議な説得力と勇気が宿っています。

常に手を伸ばして
生きている人間と、
「もういいや」
と思っている人間の
差は大きい。

有森裕子

マラソン

バルセロナ、アトランタ五輪で2大会連続のメダルを獲得し、「自分で自分をほめたい」などの名言を残している有森裕子が、書籍『マラソン哲学』の中で語った言葉です。五輪や国際マラソンで結果を残せたのは「運がよかった」と語る有森ですが、同時に、「どうにかしたいという危機感を持っていたから、自分の手を目一杯伸ばしていた」とも述べています。運を味方につけ、チャンスをつかめるのは、常に必死に手を伸ばす姿勢があるからこそ。彼女が1991年の大阪国際女子マラソンで当時の日本記録を樹立した日に。

心がこもったものは
相手に伝わるのです。
時代に関係なく、
仕事に心を込めることは
変わりません。

久保田五十一

バット職人

スポーツ選手の活躍には、選手自身の努力はもちろん、周囲でサ
ポートする人たちの貢献が欠かせません。55年間にわたり、落合博
満、イチロー、松井秀喜など、名プロ野球選手のバットをつくり続
けた久保田五十一は、2014年のこの日に「引退会見」を行いました。
朝5時過ぎに起き、腹筋、背筋を各200回続けるなど、アスリート
にも引けを取らないほど、規律正しい生活を送った久保田。慢心す
ることなく、毎回丁寧な仕事をすることで、その誠意は相手に伝わ
るのです。「プレジデントオンライン」（2014年7月4日）より。

シンプルにやるのが
一番ベストなんですよ。
でもシンプルにやって
人から賞賛されるには
すごく実力がいるんですよ。

前田日明
プロレス

ムック『プロレス「戦後70年史」』のインタビューで前田日明は、こう語りました。乱入やリングアウトが多く、なかなか勝敗が決まらず"ショーとしてのプロレス"が主流だった1980年代、真剣勝負で勝敗をはっきりさせる"スポーツとしてのプロレス"をするためにUWF（ユニバーサル・レスリング連盟）がつくられました。UWFの代表も務めた前田は、「実力がないとシンプルなことはできない」と、シンプルなことを実直に表現する大切さを述べています。そしてそれは現在の総合格闘技へとつながっているのです。

まずは90点でも
ファイナリストになれる
力をつけること。
その上で、たとえ
不可能であったとしても
100点を目指し続ける。

山縣亮太
陸上短距離

リオデジャネイロ五輪4×100mリレーの第一走者として銀メダルを獲得した山縣亮太が、『Number』(996号／2020年1月)で語った言葉です。100mで日本トップクラスの実力を持っていますが、専属のコーチはいません。彼が目標とするのは、世界の舞台で100mのファイナリストになること。世界中のスプリンターの目標となる位置を目指すとともに、自分のベスト＝100点を出せるレースを模索しています。明確な結果を残す準備をし、自分の納得できるレースを求め続けているのです。

男と生まれた
からには、
何か一生のうちで
大きな仕事をしたい。

猫田勝敏

バレーボール

1964年の東京五輪で銅メダルを獲得し、次のメキシコ五輪で銀メダル、さらに次のミュンヘン五輪で金メダルを獲得した日本男子バレーボール代表の名セッター。遠征で長い間寂しい思いをさせてしまう、家族に宛てた手紙の言葉です。家族には申し訳ないが、それでも成し遂げたいと願った世界一を、数年後、言葉通りに達成しました。猫田は39歳の若さでこの世を去りますが、その後地元広島に猫田記念体育館が建てられ、所属していたJTが、2004年のこの日の公式戦で「猫田シート」を設置するなど、後世に名を遺しました。

2

月

昔の僕は

切り返すパワーで

滑っていましたが、

岩の上でガッとエッジで

止めるような

滑りをすると

リバウンドが来て

転倒するんです。

より柔らかく
滑らなければならない。
衝撃を
体で受けると同時に吸収し、
それを後ろに
抜くような感覚というか。
そういうことが
分かってきた。

和田好正

冒険、スキー

「時事ドットコム」（2014年6月30日）での発言。冒険には、ロマン
と危険が隣り合わせです。自然に対する挑戦を続け、還暦を前にし
た和田好正が、最大斜度57度、標高差600mの苗場山雪壁滑降に
成功したのがこの年の2月1日。斜度が35度を超えるとゲレンデス
キーなら超上級者コース、57度は感覚的には垂直に近いと言います。
前日までは吹雪、翌日になって風が止んだ、そのわずかなチャンス
を逃しませんでした。命がけの経験を積み重ねる過程で、和田は力
押しだけではない、力の抜き方を体得していったのです。

プレッシャーが
ゼロでしたし、
またハンドボール
できる喜びで、
もの凄く楽しくて。
だから何やっても
上手くいくんですよ。

土井レミイ杏利

ハンドボール

ハンドボール男子日本代表で主将を務める土井レミイ杏利は、学生時代のオーバーワークによる膝のケガが原因で、一度は引退を決意しました。しかし、語学留学のつもりで渡った、生まれ故郷のフランスで、趣味程度でやろうと考えたハンドボールをプレーしてみると、ケガが治癒していること、好きなハンドボールを思いきりできる喜びに気づきました。これはWeb「VICTORY」(2019年10月30日)での言葉。土井はその後フランスでプロ契約、そしてこの日に、リーグのオールスターゲームに出場するまでに力をつけたのです。

目に見えないことを
しないとダメ。
目に見えることだけが
練習ではないのだから。

瀬古利彦

マラソン

瀬古利彦は1970〜80年代に活躍したマラソン選手。日本がボイ
コットにより不参加となった幻のモスクワ五輪でメダル確実とも目
されていました。彼が後輩に伝えたいこととして、書籍『マラソン哲
学』の中で語ったのがこの言葉。目に見えない、泥臭いことをする
重要性を説きました。当初から「練習の虫」であった瀬古は、試合後
にもそのまま10キロ走るなど、まずは目に見える練習量を確保。そ
してさらに、「歩きにくい靴を履く」など、マラソンからは遠く見える
ような日常の些事に気を遣っていたと言います。

最初は
先頭集団にいなくても、
後で追い上げて
優勝する人もいれば、
きつい時に
給水ポイントでひと息入れて
馬力を発揮する人もいる。

人それぞれ
いろんな走り方があるんです。
それも人生と一緒。
幸せをつかむために必要なのは、
自分なりのゴールを
決めることですね。

増田明美

マラソン

人生は、よくマラソンにたとえられます。日本女子マラソン界の第
一人者であり、引退後も解説者やスポーツジャーナリストとして活
動する増田明美。20歳で出場したロサンゼルス五輪で途中棄権し、
一時的に競技を離れ、再起したものの、過去の無理なトレーニング
による疲労骨折が判明したのです。女子マラソン黎明期の難しさを
身にしみて感じていた増田は、マラソンを通して幸せについて考え
ました。そして、自分なりのゴールと走り方を見つけることが、人生
にも必要だと悟ったのです。

世界一の練習を、
余裕をもってやれる
人間が出てくれば、
間違いなくその選手は
世界一になれる。

宗茂
マラソン

書籍『マラソン哲学』の中で、宗茂はこれを「一番簡単なこと」として語っています。世界一の練習をした者が世界一強くなる。確かに、理屈だけ見ればシンプルで簡単なことです。しかし、大切なのは、それを実際にやれるかどうか。宗茂は1978年のこの日に行われた別府大分毎日マラソンで当時の日本記録を更新。さらに日本人初のサブテン(2時間10分以内)を記録しました。その後、ライバルの瀬古利彦(2月3日の名言)と切磋琢磨を続けていくことになりますが、その実力は圧倒的な量と質を備えた練習の賜物だったのです。

栄光なんて
片っ端から
消えていきますよ。

笠谷幸生

スキージャンプ

笠谷幸生は、冬季五輪が初めて日本開催された1972年の札幌五輪で「日の丸飛行隊」として大活躍。2月6日は銅メダルを青地清二、銀メダルを金野昭次、そして金メダルを笠谷が獲得し、日本勢が表彰台を独占した日です。日本人初の冬季五輪の金メダルで、日本中の話題となりましたが、ときが経つにつれ、その栄光も世間から忘れられていきます。そのことを悟り、『Number』（103号／1984年7月）でのこの発言。どんな功績でも、次第に人々の記憶から薄れていく一方で、このように語り継がれる功績があるのも事実です。

繊細であることは武器。

清水宏保

スピードスケート

4度のオリンピック出場を果たし、長野五輪男子スピードスケート500mで金メダルを獲得した清水宏保は、幼少期からぜん息をわずらっていました。瞬発力を要するスピードスケート選手としてはハンディキャップに感じられますが、清水はそれを、自分の体調や感覚などあらゆることに敏感になれる意味で「武器」であると語りました。自分が弱みや欠点だと感じていることも、見方を変えれば強みになります。五輪金メダリスト、W杯で34度の優勝を誇る清水だからこそ、響く言葉です。

夢だからこそ自由に、大胆に、です。

岡本依子

テコンドー

日本のテコンドー第一人者として走り続けてきた岡本依子は、2009年1月に引退を決めました。その言葉には、開拓者としての信念が込められています。大学3年で出会ったテコンドーにのめり込み、シドニー五輪で銅メダル獲得。テコンドーの名を日本に知らしめました。ただ、アテネ五輪予選の際、国内の競技連盟が分裂していたことで本戦出場を認められない状況に。しかし、署名活動などにより救済措置で個人出場権を獲得し、アテネ、北京五輪にも連続出場。その後もテコンドーの普及や強化に取り組んでいます。

頂上であって、同時に崖っぷちなんだよ。

千代の富士

相撲

この言葉は『Number』（261号／1991年2月）での発言です。このとき第58代横綱・千代の富士は、すでに優勝31回で、大鵬に並ぶ32回を目指す立場でした。史上初めて1000勝を達成し、昭和の横綱として名を馳せた千代の富士ですが、横綱という地位は決して安泰なものではないと感じていました。この発言を象徴するかのように、この年の5月場所で新鋭の貴花田（のちの貴乃花）に敗れ、引退を決意。大記録を達成しながらも歳を重ねていく、横綱のぎりぎりの精神状態が見て取れる言葉です。

受けて立つような
気になっては失敗する。
そこに連覇の
難しさがある。

野村克也

野球

1996年のこの日、ヤクルトスワローズ監督としてアメリカ・アリゾ
ナ州でキャンプ中だった野村克也が、「日刊スポーツ」のインタビュー
（1996年2月10日）で語った言葉です。前年リーグ制覇をしていた
ヤクルトが、王者として迎える96年のシーズンに向けて話しました。
このときのインタビュアーは、以前、日本シリーズで球史に残る激
闘を演じた森祇晶。監督として実績を挙げ、勝ち続けることの難し
さを知る者同士の対談でした。連覇のためには、受けて立つのでは
なく、攻めの意識を持つ必要性を感じていたことがわかります。

汽車の中のキャンプ生活だった。

広田戸七郎
オリンピック日本選手団監督

日本がまだ先進国として発展をしておらず、経済的にゆとりのなかったころから、オリンピックの歴史は紡がれています。日本が初めて参加した冬季五輪、1928年のサンモリッツ大会で日本選手団は、シベリア鉄道を使ってヨーロッパ入りし、2月11日の開幕を迎えました。長い長い旅路でした。派遣された日本代表はスキー、ノルディックの6名と選手団監督の広田戸七郎のみ。この言葉は、広田が当時を振り返ったものです。日本の冬季五輪の歴史は、寒さと孤独に耐えた選手たちから始まったのです。

こういうキツさ、疲れは、
誰もが味わえるものでない。
幸せだなあ。
最高の経験だと思う。

橋本聖子
スピードスケート

橋本聖子は、1992年のアルベールビル五輪で日本女子初の冬季五輪メダリストとなりました。ただ、橋本の競技スタイルは他選手とは一味違います。それは、初出場のカルガリー五輪から、スピードスケートの5種目"すべて"に出場するというものでした。そしてすべての種目で入賞。アルベールビル五輪でもそれは継続し、1500mで銅メダルを獲得したときの言葉がこれです。膝の故障などもありながら、全種目出場というこだわりを通し続けて実感した言葉だったのでしょう。

メダルの色は
そんなに
光っていないけど、
私にとっては
金メダルです。

岡崎朋美

スピードスケート

先の橋本聖子の背中を必死で追い続けたひとりが岡崎朋美と言えるでしょう。五輪初出場のリレハンメル大会では入賞を逃し、「聖子さんにあって私にないのは根性」と口に出し続け、努力を重ねました。そして1998年2月13日、長野五輪のスピードスケート500mで、見事に銅メダルを獲得。試合後の記者会見でこのように話しました。金メダルを目指したレースだったという悔しさもありながら、そこまで必死に努力を重ねてきたという達成感も感じさせる言葉です。ウィンタースポーツに注目が集まるこの時期に。

自分はまだやれるって
思っていたから、
時間があれば
硬球を持って公園に行って、
復帰したい、復帰したいって、
念じながら投げていたんです。

野中徹博

野球

野中徹博は、ドラフト1位指名という鳴り物入りでプロ入りしたにもかかわらず、1軍登板わずか7試合、1勝もできずに6年後に戦力外通告を受けました。もう一度プロで投げたいという思いを持ち、公園の壁に投げていたころの回想が、書籍『平成野球30年の30人』で語られています。無念の引退から3年後、台湾リーグでの実績が認められ、翌年中日ドラゴンズの入団テストに合格。1994年のこの日にプロ野球への復帰を果たします。そしてその3年後には、悲願のプロ初勝利。最初のプロ入りからなんと13年目のことでした。

僕らは4年に一度
非常に注目されますけど、
あまり僕ら自身は
4年に一度と考えていないんですね。
1年1年、世界の舞台で活躍したい
という思いが非常に強いですから、
それによって
階段を1段1段上がっていく。

原田雅彦
スキージャンプ

今日は長野五輪、スキージャンプラージヒル個人で原田雅彦が銅メダルを獲得した日です。原田は1990年代を代表するスキージャンプ選手のひとりで、オリンピック、世界選手権合わせて9個という、日本人最多のメダルを獲得。開催時期だけメディア取材が集中し、国民の注目を浴びることは、冬季五輪種目には顕著です。しかし、選手たちは毎日、毎年、地道なトレーニングに励み、大会で結果を残し、五輪出場権を獲得するという努力をします。そのことを強く感じさせる、書籍『101個の金メダル』のインタビューでの言葉です。

僕に残された球数は
それほど多くはない。
カープで野球をする方が、
1球の重みを感じられると思った。
日本で投げずに野球人生を終えたら、
引っかかるものがあるのではと考えた。

黒田博樹

野球

2015年に8年ぶりにメジャーリーグから日本球界に復帰した黒田
博樹はこの日、広島カープへの復帰会見を行い、このように語って
います。復帰時、黒田は40歳。しかしアメリカでも活躍できるだけ
の実力は有したまま、一説ではその年も年俸20億円は確実だった
と言われていました。それでも、年俸だけ見れば5分の1程度だっ
たカープを選んだのは、古巣への愛着と恩返しのため。カープはそ
の翌年の2016年、25年ぶりにリーグ優勝を果たし、黒田はプロ入
り以来の悲願を達成しました。

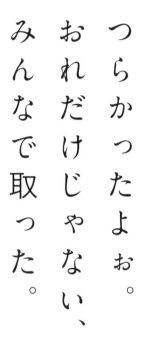

つらかったよぉ。
おれだけじゃない、
みんなで取った。

原田雅彦

スキージャンプ

2日前に個人で銅メダルを獲得した原田が、この日には団体戦ラージヒルで金メダルを獲得しました。前回のリレハンメル五輪団体では、原田の失速が響き銀メダル。リベンジを期して臨んだ長野大会でも、1本目のジャンプが振るいません。「また、みんなに迷惑をかける……」そんな思いがよぎりましたが、原田は2本目で137mの大ジャンプ。日本団体金メダルの立役者となり、この言葉がこぼれました。チーム4人の力を結集したこの金メダルは、日本開催の同大会を象徴するシーンになりました。

2 / 18

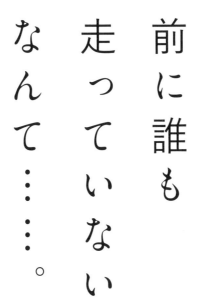

前に誰も走っていない……。

荻原健司

スキー

今日は「キング・オブ・スキー」こと荻原健司が、1992年アルベールビル五輪ノルディックスキー団体で金メダルを獲得した日です。1972年札幌大会スキージャンプの笠谷幸生（2月6日の名言）以来、日本選手団20年ぶりの金メダルでした。これは、当時大学生だった荻原が、アンカーとして日の丸を手にゴールに飛び込んだときの心境を語った言葉です。それまで世界大会では、ライバルたちが前にいるのが当たり前でした。しかしそのとき荻原が目にしたのは、前に誰もいない、夢のような光景だったのです。

一を以て敵の二に応ずる所也。

伊藤一刀斎

剣術

江戸時代に隆盛した一刀流剣術の祖、伊藤一刀斎。『日本剣豪秘史』に書かれたこの言葉の意味は、「自分の一手で相手の二手に応じる」。つまり、ひとつの運動で相手の2つの動きに対応することです。相手の太刀を受けた後に打つのではなく、受け流しながらその瞬間にはもう相手を打っている状態が理想であることを説いた言葉です。一瞬の隙が命取りとなる、剣の名手らしい名言です。そんな今日は、一刀流も加盟している日本古武道協会主催により、日本で初めて全国的な古武道演武大会が行われた日(1978年)です。

「どんな状況になっても、

謙虚な姿勢と毎日の反省、

日々に感謝。

この3つをやっていれば

自然と人生上手くいくんだ」

っていうのが両親の教えです。

中澤佑二

サッカー

中澤佑二は、2度のW杯に出場した元日本代表のディフェンスの要。
2004年にJリーグのMVPを受賞し、日本代表でキャプテンを務め
るなど、人格者としても評価されている中澤が、両親からの教えを
書籍『勇気がもらえる145の言葉』で語ったものです。中澤は、出場
した日本代表戦110試合でイエローカードをもらったのはわずか5
回。さらに、Jリーグの試合に178試合連続フル出場など、巧さと強
さを備えた選手でした。その源泉には、謙虚・反省・感謝という3
つの教えがありました。

私は勝利者にも
なりたかったけれど、
それにも増して
先駆者にも
なりたかった。

伊藤みどり

フィギュアスケート

「ジャンプの女王」と呼ばれた伊藤みどりは、小学5年生で世界デビューを果たし、次々と3回転ジャンプを決めて、他国の選手やメディアに衝撃を与えました。伊藤が五輪史上初めて、女性で3回転半(トリプルアクセル)を決めたのが1992年のこの日。競技としての結果は、金メダルを期待されながらの銀メダルでしたが、オリンピックでのトリプルアクセル成功は、伊藤の初成功から約30年経っても3人しか達成していない偉業です。彼女は、「先駆者になりたい」と願い、こだわり、そして成し遂げたのです。

英語力は確かに
足りないかも
しれないですけれど、
それ以外で補えることは
いっぱいある。

城島健司

野球

日本人メジャーリーガーの中でも、城島健司はキャッチャーとして
初めて海を渡った選手でした。これは書籍『勇気がもらえる145の
言葉』での名言。キャッチャーは、ピッチャーや野手とのコミュニ
ケーションが非常に重要なポジションであるため、周囲からは英語
力を懸念されていました。しかし城島は、日本で培った繊細な観察
力を生かし、チームメイトとのコミュニケーションに役立てていまし
た。流ちょうに会話することができなくても、信頼を得ることがで
きるということを、城島は示したのです。

子どものとき、
砂いじりやトランプに
時間を忘れて夢中になったよね。
あれとまったく同じことなんだよ。

インゲマル・ステンマルク
スキー

インゲマル・ステンマルクは、1970年代に活躍したスウェーデンのアルペンスキー選手。W杯の勝利数は通算86勝で歴代1位など、圧倒的な技術と強さで優勝を重ねた屈指のスキーヤーと言われています。1980年のこの日、レークプラシッド五輪で金メダルを獲得しました。彼にとってスキーは、小さいころに夢中になった遊びと同じで、時間を忘れて没頭してしまうもの。「好きこそものの上手なれ」と言いますが、トップアスリートになってからも、それを高次元に体現したのがステンマルクという選手でした。

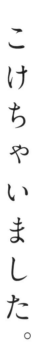

こけちゃいました。

谷口浩美

マラソン

1992年のバルセロナ五輪で、8位入賞したレース後のインタビューでの発言です。メダル獲得が期待されていたこのレースで、給水所に差しかかったとき、選手たちの混雑の中でまさかの転倒。期待値が高かっただけに、見ている国民のショックも相当なものでした。しかし、ゴール後に笑ってあっけらかんと振り返った予想外のこの言葉は、日本人の心を打ちました。いまでは、同大会で銀メダルを獲得した森下広一よりも話題になってしまうなど、谷口を語るうえで欠かせないエピソードになっています。

成績が出ると、
自分たちが
やりたいことよりも
周りの目が
気になる時がある。
そことの葛藤。

本橋麻里

カーリング

カーリング女子日本代表は 2018 年 2 月 25 日、平昌五輪で日本初の
銅メダルを獲得しました。試合中、選手同士の会話で使われる「そ
だねー」という言葉はその年の流行語大賞に選出。「もぐもぐタイ
ム」など、スポーツのイメージとは程遠い、ゆるい雰囲気がお茶の
間で人気を博しました。当時の日本代表メンバー、本橋麻里は、メ
ダル獲得後の急激な環境の変化を肌で感じていました。否が応で
も意識させられる周囲の目と闘うことも、注目を浴びる者の宿命な
のでしょう。「時事ドットコム」(2019 年 1 月 30 日) にて。

モハメド・アリや
坂本龍馬みたいに、
自分の使命を信じて
生きていきたい。

三浦知良

サッカー

2月26日は、日本サッカーの先駆者でありレジェンドとも言われる
三浦知良、通称「キングカズ」の誕生日です。50歳を超えて現役で
プレーしたことももちろんですが、三浦の功績は、早い時期から海
外に出て活躍していたことにもあります。三浦は、『Number』(357
号／1995年1月)でこの発言をした当時、イタリアのセリエAでプ
レーしていました。燃え盛る情熱と実力で世界を動かした偉人を例
に挙げているところに、「自分が日本サッカーの道を拓き、新たな歴
史を創るのだ」という強い意思を感じさせます。

間違いなく
言い切れるのは、
相手の強い部分から
逃げてはいけない。

清宮克幸

ラグビー

『Number』（622号／2005年2月）で当時早稲田大学ラグビー部
監督だった清宮克幸が、「日本が世界の強豪と戦うために必要なこ
と」として発言しました。2001年の監督就任以降、データを駆使し
て効率的な練習を行い、在任6年間で3度の大学選手権優勝に導
いた清宮。その後トップリーグのサントリー、ヤマハ発動機ジュビ
ロの監督としても日本選手権優勝など、輝かしい成績を収めました。
高い指導力を持つ清宮が言い切る「相手の強い部分から逃げない」
という姿勢は、いまでは日本ラグビーのDNAとなっています。

挑戦しないで
終わるほうが
私は後悔する。

成田真由美

パラ競泳

成田真由美は、5回のパラリンピック出場、金メダルを累計で15個
獲得しているパラスポーツ界のレジェンドです。競技人生の集大成
と位置付け、招致活動にも携わった2020年の東京大会が2021年
に延期されたとき、成田は49歳。年齢との闘い、そして、苦しい練
習の期間が1年延びたことに対し、心が折れそうになっていました。
しかし、Web「アスリート×ことば」(2020年5月29日)ではこう語
り、「挑戦できることは幸せなこと」と考え、気持ちを切り替えたと
話しました。

喜べ、わが軍勝てり。

フェイディッピデス

アテネ軍伝令

1896年から行われている近代オリンピックは、紀元前の古代ギリシアで行われていた競技会をもとにしています。そしてその伝統的な競技であるマラソンの起源は、紀元前490年にペルシャ軍と戦ったアテネ軍の伝令を務めたフェイディッピデスにあるとされています。兵力に10倍もの差がある中で、奇跡的な勝利を収めたアテネ軍。その勝利を市民に伝えるため、フェイディッピデスは戦場から約40kmを走り、この言葉を伝えたという逸話が残っています。オリンピックと同じ、4年に1度しか訪れないこの日に。

3

月

私は意識して
"世界一" という言葉を使った。
男なら、期待が
大きければ大きいほど
やりがいを
感じるものだからだ。

松平康隆
バレーボール

松平康隆は、1960～70年代のバレーボール男子日本代表監督を務めた人物。「移動時間差攻撃」などを編み出し、日本を1968年のメキシコ五輪で銀メダル、1972年のミュンヘン五輪では金メダルに導きました。1998年には日本人で初めてアメリカの「バレーボール殿堂」に選ばれています。指導者が世界一を誰よりも意識することで、それが選手たちにも波及していく。その結果、ミュンヘン五輪準決勝では2セット先取された状況から3セット取り返すという大逆転で勝利し、決勝でも快勝して世界一となったのです。

優秀な
コーチというのは、
表情を変えずに
同じことを1000回言える。
人を変えるには
自分を変えないこと。

荒井直樹

高校野球

群馬・前橋育英高校野球部は、2013年夏の甲子園大会で"初出場・初優勝"という快挙を成し遂げました。荒井直樹は、2001年から同校の監督を務め、「凡事徹底」をスローガンとして、チームを率いてきました。荒井が指導にあたり重視しているのが、表情を変えずに同じことを1000回言えること。自分にとっては1000回目でも、生徒にとって初めて聞くことなら、自分も初めて説明することとして伝える。そういった「凡事」の積み重ねが人を成長させると信じていることがよくわかる言葉です。

「そういうふだんの態度だから
プレーがうまくいっていないんだ」
とかを言いがちなんですね。
僕はそれは反対で、
ひとつのことを一生懸命やることが
できる人間は、僕は必ず人間的に
成長していくと信じています。

井上眞一

バスケットボール

長年にわたり成果を挙げている指導者の言葉には共通する思想が
あります。井上眞一は愛知・桜花学園高校女子バスケットボール部
の監督として30年以上指揮を執っており、インターハイで24度の
優勝など、常勝の歴史を紡いできました。井上が常に意識している
のは、選手を信頼し、丁寧に関係を構築すること。そして選手を「ひ
とりも脱落させないこと」。王者・桜花学園の強さは、こうした心構
えの賜物なのです。これはNHK「プロフェッショナル仕事の流儀」
（2014年11月24日）での言葉です。

病気をしている子どもたちに勇気と希望を与えたい。

西山麗

ソフトボール

2008年の北京五輪で金メダル獲得に貢献した西山麗は、生後1か月で大動脈弁狭窄・閉鎖不全症と診断され、激しい運動を禁じられました。ソフトボールを始めた理由も、「攻守の間に休みが取れるから」。中学2年のときには心臓弁移植手術をし、全力疾走ができるようになるとともに、よりソフトボールに打ち込むようになりました。臓器移植を経験し、金メダリストになった日本選手は西山が初めてです。ハンデを背負っても一流の実績を残す西山の姿は、多くの人に勇気と希望を与えました。

3つの目標があった。
それをすべて達成したところで、
私の競技人生は終わった。
そこから先の「何か」を
見つけられなかったのだろう。
太く短いマラソン人生だった。

山下佐知子

マラソン

書籍『マラソン哲学』の中でこう語った山下佐知子は、有森裕子の
ライバルとして平成初頭の女子マラソン界を牽引しました。山下の
マラソンデビューは1989年の今日。名古屋国際女子マラソンで初
マラソンの日本タイ記録を出し、周囲を驚かせました。その山下が
デビュー前に掲げていた目標は、「実業団対抗駅伝で日本一」「国内
マラソンレースで優勝」「世界大会への出場」の3つ。これらすべて
を達成し、山下は燃え尽きたかのように引退しました。スポーツに
は、細く長い道もあれば、太く短く輝く道もあるのです。

本当の自由は、
何も持たないこと
なんじゃないかな。
1セントさえ
持てなかったときのほうが、
もっともっと自由だった。

マイク・タイソン

ボクシング

『Number』（193号／1988年4月）でこう語ったアメリカのプロボクサー、マイク・タイソンは、当時年収が6000万ドルに達していました。史上最年少でWBC世界ヘビー級王者となり、さらにWBA、IBFでもヘビー級タイトルを獲得し、3団体で頂点に。無類の強さを誇り、人気を博しました。しかし、この栄光の後、女性関係や暴力、交通事故など、私生活のトラブルが増えていきました。3月6日は、タイソンが18歳でプロデビューした日。この言葉は、デビュー時、何も持たなかったころの自由を求める叫びのようにも感じます。

困っているところで
活躍した方が
楽しいじゃ
ないで
すか。

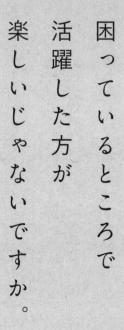

池田純

プロ野球球団社長、Bリーグクラブオーナー

「すでに人気のあるところに興味はありません」と話すのが、2016年まで横浜DeNAベイスターズの球団社長を務めた池田純。25億円の赤字があった球団の経営を5年間で黒字化し、横浜スタジアムとの友好的TOBを成立させるなど、改革を進めました。その池田が2020年3月7日、Bリーグクラブの埼玉ブロンコスのオーナーとなることが発表されました。Web「VICTORY」(2019年11月14日)のインタビューでこう語った通り、人気チームよりも、課題のある環境で手腕を振るうことに意義を見出しているのです。

とにかく
「走るのが好き」というのが
一番にあったうえで、
「今日一日の自分に手を抜きたくない」
という思いがあった。
「あ、こうしておけばよかった」
という "やり残し感" を持つのが
ものすごく嫌だった。

高橋尚子
マラソン

シドニー五輪女子マラソンで金メダルを獲得した高橋尚子は、練習でも手を抜くことを嫌がりました。トップアスリートのほとんどは、その競技が好きという気持ちを原動力に厳しい練習を自らに課しています。高橋もそのひとりですが、その上で、「自分への後悔をしたくない」という気持ちがモチベーションになっていたと、書籍『マラソン哲学』の中で語っています。1日1日、やり残しのない日々を過ごすというのは、人生においても大切なこと。彼女の最終レースとなった2009年の名古屋国際女子マラソンが行われた日に。

彼女は才能が全くなかったけど、心で走るランナーだった。

小出義雄

マラソン

小出義雄は、高橋尚子を金メダルに導いた名コーチでもありますが、この言葉の「彼女」とは、1996年のアトランタ五輪で銅メダルを獲得した有森裕子を指しています。小出いわく、有森にはもともと才能がありませんでしたが、男子の3倍もの練習を重ねて、銅メダルを獲得した努力の人でした。アトランタでのレース後に有森が発した「自分で自分をほめたい」という言葉を受け、小出は「何度も地獄を見させた。彼女の頑張りにあれ以上ふさわしい言葉はない」と、最大級の賛辞を贈りました。

30球と言われたら何が何でも30球。
でもね、31球目を
投げたくなるんですよ。
それでも必死で我慢することが
一番大切なんです。

村田兆治

野球

1996年、肘の手術を行い、復帰を目指す後輩・桑田真澄に対して、同じ手術を受けて復帰した経験を持つ村田兆治が語った言葉です。ケガをすると、焦りから「早く元の状態に戻らなければ」という気持ちが働きます。しかし、リハビリで大切なことはやりすぎないことであると村田は言います。はやる気持ちを抑え、その日にやるべきことを過不足なくやっていく。それが結果的に早い復帰につながり、さらに「新しい自分をつくる」のだと村田は知っていました。自制心を持つことは、どの世界でも通用する教えではないでしょうか。

運は
努力している
人間にしか
来ない。

白鵬

相撲

第69代横綱・白鵬が講演会や取材で常日ごろから口にしていた言葉です。長い大相撲の歴史でも歴代2位、横綱時代に限れば歴代トップの63連勝を達成し、無敵状態だった2010年にも、「私は決して力強い人間ではありませんが、運があった」と語っています。幕内昇進や、大関、横綱昇進のスピードは歴代1位の記録ではありませんが、不断の努力を続けながら離脱少なく現役を続け、通算成績では歴代で最も多い勝ち星を挙げています。「運も実力のうち」という言葉を実績で示した白鵬の誕生日に。

本日をもって
プロテニスを卒業させて
いただくことにしました。
卒業は英語でコメンスメントですが、
同時にものの始めの
意味もあります。

松岡修造

テニス

松岡修造は1998年春、30歳でプロテニスの第一線から退きました。
会見で松岡は「引退」という言葉を一切避け、「卒業」と言い換えま
した。その上で、卒業を意味する英語「Commencement」を引き、
「新たな物事の始まり」を示唆したのです。その発言通り、松岡はそ
の後、錦織圭をはじめとする後進の育成を積極的に行い、スポーツ
キャスターなどとしても精力的に活動。人生の挑戦や活躍を、現役
時代で終わらせないという姿勢や情熱が、いまでも人々の注目を集
めています。卒業シーズンのこの時期に。

個人個人が結果を出すことで
周りの選手を鼓舞するからこそ、
チームが強くなる。
だから、チームのために
頑張るというよりも、
まずは自分のために、
自分が結果を残すために頑張る。
その結果が
チームのためになる。

松本弥生

競泳

学生時代から競泳の日本代表として戦ってきた松本弥生がWeb
「VICTORY」（2019年10月2日）で、「チームとは何か?」を問われ
たときの発言です。基本的に個の競技である競泳ですが、日本代
表チームはいい流れを引き継いでいくチーム力があると言われてき
ました。しかしその理由を松本は、あくまで個の力の結集だと分析。
その考え方が逆転すると、「私が失敗しても誰かが頑張ってくれる」
という甘えになってしまうという危機感も持っています。それぞれ
が結果を出し、鼓舞し合うことがチーム力の源泉なのです。

日の丸のために走ったことは一度もない。

中野浩一

競輪

「ミスター競輪」と呼ばれる中野浩一は、1970年代から1980年代中盤まで、世界選手権10連覇という大記録を達成しました。ただ、V10を目指した1986年大会の前、2度も落車して大ケガを負ってしまい、出場が危ぶまれていました。その逆境を乗り越えて10連覇を達成したときのインタビューでこの言葉を発したのです。中野は続けて言います。「そんなプレッシャーをかけたら、10年も勝ち続けられない」。長期間、パフォーマンスを発揮し続けることができた秘訣は、レース後の自分自身の感動を味わうことでした。

本当に強いチームは、
夢を見るのではなく、
できることを
やるものだ。

イビチャ・オシム

サッカー

ユーゴスラビア（現ボスニア・ヘルツェゴヴィナ）出身で、2006 ～
2007年には日本代表監督も務めたイビチャ・オシム。自身もユー
ゴスラビア代表として1964年の東京五輪に出場するなど、選手と
しても活躍しました。オシムの発言は哲学的なものが多く、日本選
手に大きな影響を与え、いまも数々の言葉が名言として語り継がれ
ています。彼の哲学的な思想の背景には、紛争に翻弄され崩壊した、
母国・ユーゴスラビアの現実を目の当たりにした影響もあるのかも
しれません。

僕たちは
犠牲者であり続けるのではなく、
復活する。
立ち上がったからには、
恩返しをする。
それを未来へと繋げていく。

エヴァン・ストロング

パラスノーボード

2018年の平昌パラリンピックから正式種目となった、スノーボード・バンクドスラロームでこの日、ハワイ出身のエヴァン・ストロングが銀メダルを獲得しました。プロスケートボーダーを目指していた少年期に事故に遭い、左足切断を余儀なくされた彼は、義足のスノーボーダーとしてスポーツの世界に戻ってきました。歩くのも困難な状況から復活し、トップアスリートに登りつめた彼がWeb「パラフォト」（2018年3月18日）のインタビューで口にしたこの言葉は、未来への希望を与えてくれます。

40代の選手が
メダルを獲って、
あきらめなければ
できることを
証明できた。

葛西紀明

スキージャンプ

葛西紀明は19歳で出場した1992年のアルベールビル大会から、2018年の平昌大会まで8大会連続で五輪出場しています。2014年のソチ五輪では、スキージャンプ史上最年長（41歳）のメダリストとなり、ギネス記録にも認定されました。さらに、2016年3月17日には、W杯通算500試合出場を達成。前人未到の記録を打ち立ててきた葛西の原動力は、意外にも、「長野五輪の団体メンバーから外れた」ことだったそうです。その悔しさを胸に、40代になっても技術と体力を保ち、誰よりも長く戦い続けているのです。

そこに
山があるから。

ジョージ・マロリー

登山

登山家の名言として日本人に浸透しているこの言葉を最初に発したのは、イギリスの登山家、ジョージ・マロリーです。アメリカでの講演で「なぜエベレストに登りたいのか?」と問われたマロリーの回答が、1923年3月18日付のニューヨーク・タイムズ紙に掲載されました。ただし、その原文は「Because it's there.(そこにそれがあるから)」。「それ」とはエベレストのことを指しています。これが和訳され、日本では人生における名言として拡大解釈されて、いまに至っているのです。

気負いが消えたことで
得たものもあったけど、
失ったものもまたあった。

中村祐二
駅伝

1994〜1997年に山梨学院大学の選手として4年連続で箱根駅伝を走った中村祐二。1、2年時に区間賞を獲るエースでありながら、3年時、まさかの途中棄権で挫折を味わいました。4年で2区を快走し、再び区間賞を獲得したとき、中村の心中にはリベンジではなく、与えられた役割を果たすことだけがありました。完璧主義を捨てて結果は出た。しかし同時に「尖り」を失ったと中村は言います。彼は実業団に進んだ後、2年であっさり引退。気負いは重荷になることもありますが、自分の底力を発揮する原動力にもなるのです。

WBCで学んだことは、
ミスをしたときも
堂々として
いられるかって
いうことです。

川﨑宗則

野球

野球の世界一を決めるWBC(ワールド・ベースボール・クラシック)の第1回、第2回大会に連続で代表選出された川﨑宗則。第2回大会の決勝、延長10回の勝ち越しがかかった場面で、川﨑は代打で登場しますが、あっさりと凡退してしまいます。そのときを振り返って語ったのがこの言葉(書籍『勇気がもらえる145の言葉』)。自分がミスをしても、そのショックを顔に出さず、次の打者の応援に徹する。明るい性格でムードメーカー的な存在だった川﨑のその姿勢は、チームの勝利に大きく貢献しました。

頭を使うことで
疲れる選手になりなさい、
というのを
常日頃から
言われていました。

遠藤保仁
サッカー

遠藤保仁は3度のW杯出場、国際Aマッチ最多出場記録など、2000年代後半〜2010年代の日本サッカーを牽引。MFとして淡々とゲームメイクをこなす姿は岡田武史監督から「チームの心臓」と言われ、全幅の信頼を得ていました。遠藤のプレーの原点がこの言葉。小学校のころ所属していたサッカークラブで教わったものだと言います（書籍『勇気がもらえる145の言葉』）。相手よりも頭を使い、相手を翻弄して疲れさせることが、勝利につながる。遠藤はこのことを、日本代表となってからも実践していたのです。

ルートはいくつもあるが、
自分が頂上を目指すのに
ふさわしい道はどこか。
ひとそれぞれ、自分のやり方で
マラソンをやればいい。

高岡寿成

マラソン

アジア選手権の5000mや10000mで金メダルを獲得し、長距離選
手として活躍した高岡寿成。これは書籍『マラソン哲学』での言葉で
す。学生時代から頭角を現していましたが、マラソンランナーとして
デビューしたのは31歳。「人それぞれタイミングがある」と語る高岡
は、マラソン転向も自分のタイミングを計っていたのです。2002年
には、その後15年以上破られなかった当時の日本記録を樹立。自
分の意思で道を進む重要性を教えられます。高岡の現役ラストラン
となった東京マラソン2009が行われたこの日に。

嬉しいときも
悲しいときも、
三振したときも、
相手に感情を
悟られないようにする。

イチロー

野球

2009年の今日、第2回WBCの決勝戦が行われました。チームの大黒柱だったイチローですが、同大会では絶不調。そんな中、迎えた決勝。延長10回のチャンスで、イチローに打席が回ります。奇しくも、彼を慕う川﨑宗則が凡退した（3月20日の名言）直後でした。その場面で、勝ち越しを決めるヒットを放ち、日本の勝利を決定づけたのです。チームメイトが歓喜する中、イチローだけはポーカーフェイス。大会前に書籍『勇気がもらえる145の言葉』でこう語った通り、試合が終わるまで決して隙を見せませんでした。

選手に
迎合したら
強い集団は
できません。

安田善治郎

ホッケー

安田善治郎はホッケー女子日本代表監督として、アテネ五輪とロンドン五輪を指揮しました。日本代表監督着任前には、高校の女子ホッケー監督として高校総体20勝などの実績を持っていました。安田の指導方針のひとつは、徹底的に走らせること。選手が疲れて倒れても、「もっと走れ」。そんな厳しさの裏で、心の中では「がんばれ、がんばれ」と念じていると言います。同情を排した厳しい指導により、2004年3月24日、女子日本代表は初めて五輪への切符を手にしたのです。

やる気というのは、顔のしわが増えていくとともに、見つけにくくなるものだ。

アラン・プロスト

モータースポーツ

1980年代から1990年代前半を代表するF1ドライバーのアラン・プロスト。『Number』（249号／1990年8月）でのこの発言当時35歳で、すでに初優勝から9年が経っていましたが、いまだトップドライバー。その年、それまで7年間在籍し、3度の年間タイトルを獲ったマクラーレンからフェラーリへと移籍し、1990年のこの日に移籍後の初勝利を挙げました。「自分に多くの目標を課す」ことでモチベーションを維持し、年齢を重ねても衰えない体力と気力を証明。そして3年後には、4度目の年間タイトルを獲得しました。

平常心を持って
一切のことをなす人、
これを名人と
いうなり。

柳生宗矩

剣術

江戸時代の剣術家・柳生宗矩。その思想をまとめた『兵法家伝書』
に記された言葉です。宗矩は徳川将軍家の兵法指南役となり、3代
将軍・徳川家光に自身の剣術の流派である新陰流を伝え、地位を
確立。さまざまな功績が将軍に認められ、大名となるなど名を上げ
たことから、宮本武蔵と並んで全日本剣道連盟「剣道殿堂」の別格
顕彰に並ぶ人物です。技術もさることながら、「心」の働きにも重き
を置いた思想は、のちに「武道」として人間力を高める「剣道」へと
つながっていきます。宗矩の命日（旧暦）である今日に。

競技者として
100％成功していたら、
指導者には
ならなかったでしょう。

渡辺康幸

駅伝

渡辺康幸は、1990年代の箱根駅伝で4年連続の区間賞を獲得、ユニバーシアードの10000mで優勝するなど、将来を嘱望された長距離選手でした。しかし、度重なるケガにより、1996年のアトランタ五輪は棄権、2000年のシドニー五輪では国内の選考会にすら参加できず、30歳を前に引退。その後、母校・早稲田大学の駅伝監督に就任すると、2010年の箱根駅伝で、チームは渡辺の選手時代以来16年ぶりの総合優勝を果たしました。自身の教訓を胸に、ケガをさせない指導を行い、教え子2人を五輪にも送り出しました。

中国が参加しない
世界大会は
横綱がいない
大相撲と一緒だ。

後藤鉀二

卓球

「卓球と言えば中国」。こう想起されるほど、卓球界で中国の力は突
出しています。しかし政治的な事情から、1971年3月28日に名古
屋で始まる世界選手権に、当初中国は不参加となっていました。そ
の状況で当時の日本卓球協会会長・後藤鉀二は、中国と交渉し、
中国選手団の参加にこぎつけたのです。この行動が、敵対してきた
中国とアメリカの関係に変化を生み、米中国交正常化、さらには日
中共同声明にも影響。この一連の動きは「ピンポン外交」と呼ばれ、
スポーツが歴史の扉を開いたできごととして記憶されています。

もう1つ
とっ
て
いるんだから。

大野将平
柔道

日本テレビ「POWERフレーズ」(2020年3月29日) で大野将平が、
自身の"POWERフレーズ"として紹介した言葉です。「1つ」というの
は、オリンピックの金メダルのこと。2016年のリオ五輪柔道73キ
ロ級で金メダリストとなった大野は、2020年の東京五輪に向けて
鍛錬を積みますが、日本のお家芸と言われる柔道日本代表、そして
五輪チャンピオンの重圧に押しつぶされそうになっていました。そ
んなとき、日本代表監督であり、元五輪金メダリストの井上康生が
かけてくれたこの言葉を、大野は大切にしていると言います。

反省は後ですればいいことで、
そこを追求してもしょうがない。
同じルーティンをこなして、
頭で考えていることをスッと抜いて、
次のクレーに集中することが大事。

大山重隆

クレー射撃

東京五輪に挑む、クレー射撃の大山重隆がWeb「d menu スポーツ」(2020年3月30日) で語った言葉です。大学4年時に本格的にクレー射撃を始め、38歳で初めて五輪への切符を手にしました。クレー射撃は飛んでいく皿を散弾銃で撃っていく競技で、集中力や気持ちの切り替えなど、心理状態が結果を大きく左右します。いつも同じメンタルで試合に臨むため、大山は細部にまで気を配り、自分で決めたルーティンを朝起きてからや、試合時の競技に入るときに必ず実施しています。ビジネスや生活にも活かせる言葉です。

いくら嘆いても
失ったものは
返ってこない。
ならば前に進もう。

渋井陽子
マラソン

アテネ五輪の代表選考レースとなった2004年の大阪国際女子マ
ラソンで、力を発揮できず、五輪代表の可能性が断たれたときに渋
井陽子はこう語りました。2001年にマラソンデビューし、初マラソ
ンの世界最高記録を打ち立て、10000mでは日本記録を更新する
などアテネ五輪有力候補として期待されながら、勝負どころで失速。
どうにもならない悔しさを、なんとか力に変えようと言い聞かせる
かのような言葉でした。渋井はその後、高橋尚子が持っていた日本
記録を更新する走りを見せました。心機一転したいこの時期に。

一番最初に
野球を始めて
グラウンドに行く
ときのような気持ちで
マウンドに行けた。

大谷翔平

野球

2018年4月1日、メジャーリーグ初登板を終えた大谷翔平が、試合後のインタビューで語った言葉です。投打の二刀流でトップレベルの実績を残し、日本プロ野球の常識を覆した大谷は、海を渡りメジャーリーグでも二刀流を継続。この日の初登板で初勝利を飾り、2日後には打者として初ホームランを記録。この年、メジャーの新人王を獲得しました。発言の真意を聞かれると、「すごい選手が相手にも味方にもたくさんいたから」。プロの世界でも、純粋な野球少年であり続ける大谷の向上心は止むことがありません。

失敗を成功につなげる

選手は一流、

責任を転嫁して失敗を

繰り返すのは二流、

三流は自分が失敗したことすら

気づかない。

佐々木洋

高校野球

大谷翔平の恩師である佐々木洋は、岩手・花巻東高校野球部の監督であり、同校の社会科教諭でもあります。2002年から野球部の指揮を執っており、2009年のこの日、春のセンバツ甲子園で岩手県勢初となる準優勝を飾りました。当時のエース・菊池雄星と、菊池に憧れて入学した大谷翔平という、のちにメジャーリーガーとなる選手を2人も輩出した佐々木の指導は、広く注目されています。佐々木は競技以外にも見識が広く、日ごろからこの発言のような、人生やビジネスに通じる教えを選手たちに伝えているのです。

小さなことに全力で取り組み、
小さなことを確実にする子は
間違いなく大きな仕事ができる。

我喜屋優

高校野球

2010年のこの日、春のセンバツ甲子園で、春夏通じて沖縄県勢初
の優勝を果たした興南高校の監督を務める我喜屋優。自身も選手
時代、甲子園の土を踏み、県勢初のベスト4に押し上げた経験を
持っており、沖縄県の野球史に欠かせない存在となっています。指
導にあたり大切にしている考え方を表したのがこの言葉。この日以
降も、チームの1人ひとりが小さなことを積み重ねた結果、興南高
校はその年の夏の甲子園も制し、史上6校目の春夏連覇を達成しま
した。新学期や新生活など、新しいことを始めたいこの時期に。

ただスポーツを
やるだけが
アスリートなのか、
自問自答を続けていた。

三宅諒

フェンシング

Web「アスリート×ことば」(2020年8月18日)での発言です。三宅
諒は、2012年ロンドン五輪、フェンシング男子フルーレ団体の銀メ
ダリスト。2020年の東京五輪が延期され、緊急事態宣言が発令さ
れた2020年4月、三宅は自分がスポーツをする意味を問い直して
いました。レベルアップのために海外遠征が必須のフェンシングに
は、多額の活動資金が必要。自粛中にみずから配達代行アルバイト
をするなど社会への還元方法を模索し、応援されるアスリートを目
指して活動を続けているのです。

いくら打たせない
ためとはいえ、
初球、カーブから
入ってしまった自分に
すごく腹が立つ。

松坂大輔

野球

憧れのメジャーリーグに挑戦し、2007年の今日、メジャー初登板した松坂大輔。そしてその6日後には、NPB時代からスター同士の名勝負として注目度の高かったイチローとのメジャー初対戦を迎えました。第1打席をピッチャーゴロに抑えた松坂でしたが、試合後に語ったこのコメントで、自分への憤りを表現しました。投げる瞬間まで葛藤した球種は、ストレートではなくカーブ。「"叩いてください"とイチローさんに頭を出したい気分」と語り、土壇場で直球勝負を避けてしまった自分の選択を悔いました。

いつかは僕が
「原辰徳監督の甥だった」ではなく、
監督が「菅野智之の伯父だった」
といわれるようになりたい。

菅野智之

野球

2013年のこの日にプロ初勝利を挙げた菅野智之は、アマチュア野球界の名将・原貢を祖父に、プロ野球の盟主・読売ジャイアンツの名選手であり、名監督でもある原辰徳を伯父に持つサラブレッド。前評判に違わず、学生時代からその才能を発揮してきました。2012年、ドラフト1位で伯父が監督を務めるジャイアンツに入団。プロ入り後も活躍し続ける菅野の口癖がこの言葉です。数々の投手タイトルを獲得し、日本を代表する選手になっても、「菅野智之として認められたい」というモチベーションが彼を突き動かします。

みんな
口を揃えて言うんですよ。
「ユー・アー・クレイジー!」
って(笑)。

伊達公子

テニス

2013年1月の全豪オープンで、ランキング100位、かつ最年長(42歳)選手として、単複ともに3回戦に進出したことについての周囲の反応を、『Number』(822号／2013年2月)でこう語りました。1990年代、プロテニス選手として世界の舞台で躍動した伊達公子は、1996年に26歳で引退。しかし、2008年4月7日、37歳で現役復帰を決めました。2014年には全米オープンの女子ダブルスでベスト4というキャリア最高の成績をたたき出し、世界を驚かせます。伊達にとって「クレイジー」は最高のほめ言葉だったのです。

今でこそ、多くの選手が
「自分のために楽しんで戦いたい」
と言うこともありますが、
当時の私たちに
その感覚はなかったですね。
すべてが生きるか死ぬか、の戦いでした。

大林素子
バレーボール

2020年4月8日のWeb「d menu スポーツ」で語られたのがこの言葉。大林素子は中学からバレーボールを始め、1988年のソウル、続くバルセロナ、アトランタと3大会連続で五輪に出場しています。ソウル五輪は、「東洋の魔女」が活躍した1964年東京五輪以降で、日本が初めてメダルを逃した大会。選手たちの心情は、「ここで死ぬしかない」と思うほどの絶望に満ちていました。ですが大林は、こうした覚悟を持って選手生活を送れたことは、幸せだったと振り返ります。本気の覚悟を持つ強さを感じることができる言葉です。

偶然の勝ちには
絶対に大事なところで
失敗があるので、
なるべく必然の勝利に
もっていきたいですね。

和田毅

野球

福岡ダイエーホークス（現・福岡ソフトバンクホークス）の和田毅が
プロ初勝利を挙げたのが2003年4月9日。その年の新人王に始ま
り、最多勝、リーグMVPなどタイトルを次々獲得しました。書籍『勇
気がもらえる145の言葉』で発したこの言葉には、和田の野球哲学
が詰まっています。ルーキーイヤーに日本シリーズで胴上げ投手と
なった和田は、17年後、2020年シーズンのリーグ優勝を決めた試
合でも勝利投手に。長く活躍する選手は、勝ちを必然のものにして
いく努力を怠らないということを示しました。

最後のパットが決まるまで何が起きても不思議はない。

ゲーリー・プレーヤー

ゴルフ

南アフリカ出身のプロゴルファー、ゲーリー・プレーヤー。当時まだ珍しかったアフリカ出身ゴルファーとして活躍し、1965年にはメジャー選手権すべてで優勝するキャリア・グランドスラムを達成。世界ゴルフ殿堂にも名を連ねています。プレーヤーは著書『ゴルフから学んだ誇りある生き方』でこう記しています。ゴルフは最後の1打（パット）が決まるまでは、勝者になるか敗者になるかわかりません。それは人生も同じ。最後の日が来るまで、希望を捨てずにプレーすることが重要なのではないでしょうか。

タイトルなんていらない。
1000万円出すから、
今すぐバケツいっぱいの
水を持ってきてほしい。

ガッツ石松

ボクシング

一読すると、何を言っているのかわからないこの言葉。これは、ボクシング元世界ライト級チャンピオンのガッツ石松が、試合前の減量に悪戦苦闘していたときの発言です。1グラムのオーバーも許されない計量に備え、最終盤は水をも控えて徹底的に身を削ります。その苦しさはチャンピオンのタイトルを引き換えにしてでも脱したいと思うほどのものでした。しかし、3度目の挑戦で世界王者となってからも、ガッツ石松は5度の王座防衛に成功し、1970年代のボクシング界に君臨しました。

決断をするにあたって、
本当に悩みました。
でも、やり残したことは
何だろうって
思うことがなかった。
それだけ自分が全て
やり尽くしたんじゃないかな
と思います。

浅田真央
フィギュアスケート

2017年のこの日、フィギュアスケート選手の浅田真央が現役引退会見を開き、こう述べました。ジュニア時代から日本中の注目を浴び、19歳で出場した2010年のバンクーバー五輪で銀メダル。2014年のソチ五輪に出場後、一度競技から離れたものの、1年で復帰し、2年間の競技生活を送ったのちの引退でした。さまざまな葛藤とプレッシャーを抱えながら、五輪でトリプルアクセルを決めるなど、こだわりを持ったトップスケーターであり続けた浅田だからこそ、本当に「やり尽くした」と感じさせる引退の言葉です。

兵法の利にまかせて、諸芸・諸能の道となせば、万事において、我に師匠なし。

宮本武蔵

剣術

宮本武蔵は江戸時代初期の剣豪です。晩年に著した『五輪書』に記されているのがこの言葉（書籍『超訳宮本武蔵語録』）。「兵法」とは「剣術」を表しています。「剣術で学んだ『利』が書や絵など他の芸事にも応用できるため、あらゆることにおいて師匠は必要ない」という意味です。道を究めた先はひとつであるということを教えてくれます。今日は宮本武蔵と佐々木小次郎の「巌流島の決闘」が行われた日とされています（諸説あり）。新生活の目標を立てたいこの時期に、自分が究めたい道をひとつ、定めてみてはいかがでしょうか。

礼に始まり礼に終わる。

不詳

剣道

剣道の心得として、よく知られるこの言葉。剣道では、稽古の始まりと終わりに正座をして黙想、または座礼する作法があります。技の力量のみが重視される「剣術」とは対照的に、礼儀や精神面を重んじる「剣道」の特徴が表れています。剣道では、練習で対峙する相手にも立礼する習慣があり、「段位試験」では技だけでなく、着衣や礼法も審査対象。礼を尽くす姿勢を持たない者は段位を持つ資格がないと判断されるほど、礼儀を大切にした武道なのです。現代人のさまざまな場面においても、心に留めておきたい言葉です。

より速く、より高く、より強く。

Citius-Altius-Fortius

アンリ・ディドン

神父

フランスの高校の校長をしていたアンリ・ディドン神父が学校の
モットーとして考案し、1891年に生徒たちの陸上競技大会で語っ
たと言われています。これを聞いていた近代オリンピック創始者、
ピエール・ド・クーベルタンは感銘を受け、1894年のIOC(国際オ
リンピック委員会)設立時の会議でオリンピックのモットーに提案。
それが採用されたことから、オリンピックの精神を表す言葉になり
ました。クーベルタン指揮の下、1896年ギリシアのアテネで開催さ
れた第1回近代オリンピックは、4月15日に閉幕を迎えました。

日本人にできないと
言われていたが、
僕にできないとは
聞いたことがなかった。

村田諒太

ボクシング

村田諒太は2012年ロンドン五輪のボクシング・ミドル級で金メダルを獲得しました。日本人ボクサーが五輪で金メダルを獲得するのは、1964年の東京五輪以来、実に48年ぶりのこと。その間、金メダルどころかメダルにも手が届かなかった日本選手の歴史を見れば、周囲から「無理だろう」と思われるのも仕方がなかったでしょう。しかし、村田は金メダル獲得後、この言葉とともに、「金メダルは夢ではなく目標だった」と語っています。目標設定と、成功を信じて突き進む強さが村田にはありました。

「ま、いいだろう」

「なんとかなるだろう」

これは僕の一番嫌いな言葉です。

「鉄人」なんて言われるけど、

僕はメンタルが

決して強くないんです。

サボるのも好き。

自覚しているからこそ
自分との闘いでした。
適当にやったのでは、
自分はプロ野球の世界で
ついていけないと思っていたから
必死だった。

金本知憲

野球

2010年のこの日まで、10年以上プロ野球でフルイニング出場を続け、1492日連続という世界記録（ギネス認定）を打ち立てた「鉄人」金本知憲。試合に出続けるためには、ケガをしない強い体やその丁寧なケアだけでなく、1軍選手として結果を残し、チームに貢献できる技術も求められます。さらに、金本の在籍した阪神タイガースは、ファンからの野次も激しく、他球団以上にタフな精神が必要。そのすべてをそろえるために、金本はサボりたい気持ちをこらえ、毎日苦しいトレーニングを積み重ねていたのです。

テニスを始めたころの僕は、
手の付けられないワルだった。
何かというとラケットを投げつけ、
友だちとの練習のときでさえ、
平気でインチキをやった。
負けるのが嫌で、
勝つためには手段を選ばなかった。

ビヨン・ボルグ

テニス

スウェーデンの元プロテニス選手、ビヨン・ボルグは、1987年に殿堂入りした名プレーヤーです。卓球愛好家の父親が卓球大会の商品でもらってきたテニスラケットを譲り受けたことが、テニス人生のスタートでした。この言葉の通り、気性が激しかった彼はあるときから、歴代唯一2度の年間グランドスラムを達成したロッド・レーバーに憧れ、冷静沈着なレーバーの人格を倣った行動を始めました。ボルグはのちに「これほど紳士的な選手はいない」とまで評されるようになり、レーバーと同じ4大大会通算11勝を挙げたのです。

苦しいってことは、
飽きるってこと。

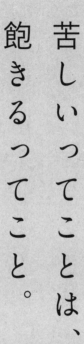

ファツマ・ロバ
マラソン

いまや陸上長距離王国となっているアフリカ。そのひとつである
エチオピア、標高2000mの小さな村で育ったファツマ・ロバは、
1999年の今日、3連覇のかかったボストンマラソンで優勝しました。
1996年のアトランタ五輪では、2位に2分以上の差をつけて金メ
ダルを獲得。圧倒的な実力を見せつけましたが、勝因は生まれつき
の才能だけでなく、大量の練習によるものでした。普通にやっては
苦しい練習を苦しいものにしないため、男子と練習したりロードを
走ったりバリエーションをつけ、飽きない工夫をしていたのです。

神様は、なにか目的があって、
わたしをこういう形に
作られたのだと思います。
ですから、
その目的がなんであったのか、
これから知らされるのが楽しみです。

レーナ・マリア

パラ競泳

スウェーデンのパラ競泳選手、レーナ・マリアは、生まれつき両腕
がなく、左足は右足の半分の長さしかありませんでした。著書『レー
ナ・マリア物語』でこう語るマリアは、3歳で水泳を始め、1988年
ソウルパラリンピックではバタフライの優勝を含む4種目で入賞。
そんなマリアでしたが、競技は音楽大学に通いながら行っており、
パラリンピック後は音楽の道に進むことを決意します。ゴスペル歌
手として世界中で活動し、1998年には長野オリンピックの開会式
で歌唱を披露しました。

病気を受け入れられなくて

〝なんで私？〟とは思うのですが、

今こうやって

目標を持って頑張っていられるので、

病気になって良かったなって

思っています。

河合紫乃

パラフェンシング

車いすフェンシング選手の河合紫乃は、もともとは健常者バドミントンで実業団選手として活躍していました。社会人2年目に股関節の手術をしたことをきっかけに難病にかかり、歩行もできない状態に。生きている意味を感じられないほどの苦しみの中にいた河合はあるとき、後輩の活躍に心を動かされ、一歩を踏み出します。彼女が見つけたのは、車いすフェンシング。2021年の東京パラリンピックを目指し、充実の日々を送る河合は、Web「d menu スポーツ」のインタビュー（2020年3月27日）でこのように語りました。

障害は僕にとって、
自分が何をしたいかを探す
いいきっかけになった。

花岡伸和
車いすマラソン

高校3年生のときにバイク事故で脊髄を損傷し、車いす生活を余儀
なくされた花岡伸和。前ページの河合紫乃と同じく、生まれつきで
はない障がいを負った場合、直後は深く落ち込み、気力を失ってし
まうものです。しかし、そこからしっかり前を向いて歩き始めた人の
言葉には力が宿ります。花岡は事故から2年後に車いすマラソンに
出会い、2002年にはトラック種目で日本記録を樹立。2004年アテ
ネパラリンピック、2012年ロンドンパラリンピックで入賞するなど、
10年以上もトップアスリートとして活躍しました。

僕はなりたい自分を捨ててきた……

いや、捨ててきたつもりはないですけど、

時代に対して新しく変化していったんです。

もっとも求められるレスラー像を

追い求めてきたんです。

棚橋弘至

プロレス

1999年にプロレスデビューを果たし、高いセンスと強靭な体で頭
角を現した棚橋弘至。2003年に自らが提唱した「U-30」のリーグ
戦を開催し、4月23日に優勝決定戦で勝利。初代U-30のチャンピ
オンとなりました。棚橋はムック『プロレス「戦後70年史」』のイン
タビューでこのような発言をしています。この言葉の通りエンター
テインメントとしてのプロレスを強く意識し、ファンサービスやプ
ロモーションを率先して行う姿勢は、他のレスラーにはない魅力と
なって受け入れられました。

マラソンは奥が深い。
やればやるほど深い。
死ぬまで勉強だと
思っている。
私なんか、
まだまだ素人だ。

小出義雄
マラソン

今日は、オリンピックでメダルを獲得した有森裕子、高橋尚子といっ
たトップアスリートを育て上げた小出義雄の命日。小出は、書籍『マ
ラソン哲学』の中で、マラソンの魅力を問われてこう答えています。
高校から本格的に長距離競技を始めた小出は、この書籍の取材当
時75歳。すでに60年もの間、長距離・マラソン界に身を置き、指
導者として結果を残してきた小出ですら、「まだまだ素人」だと言
います。「死ぬまで勉強」と言い切る、この探求心があったからこそ、
高いレベルで成果を挙げられたのでしょう。

恥はかけばいい。
だけど自分に
恥ずかしいことは
したくない。

新井田豊

ボクシング

1996年にプロデビューし、初回KO勝ち。2001年に無敗のまま世界王者に挑み、判定勝ちでWBA世界ミニマム級王者となった新井田豊。直後、持病の悪化と気力の低下を理由に、突如引退を表明し、王座を返上しました。しかしその1年後、引退を撤回して復帰。復帰後初戦で判定負けを喫しますが、2戦目ですぐに返り咲き。7度の防衛を成功させました。新井田は、恥をかくことは問題ではなく、自分に対して恥ずかしくないように生きることが重要だという信念を貫き通したのです。

人類は
自分の身体が秘めた可能性を
10％くらいしか
知らないと思うんです。

セバスチャン・セニョー

トレイルランニング

山中や野原、砂漠などさまざまな地形や環境の中を走る競技が、ト
レイルランニング。その世界的ランナーであるフランス生まれのセ
バスチャン・セニョーが、『Number Do 2013 Summer』（2013年7
月）のインタビューでこう語りました。セニョーは2013年のこの日、
富士山周辺で開催された「ウルトラトレイル・マウントフジ」に出場。
168キロを走破するこのレースで、3位入賞を果たしました。太古の
昔に思いをはせ、人類本来の能力や可能性を追求する。その面白さ
に惹かれ、彼はトレイルランニングを続けているのです。

99.9％の人間は
勝ち続けられない。
勝ち続けるのは
それくらい難しい。

梅原大吾
eスポーツ

梅原大吾は、プロゲーマーとしてeスポーツを牽引しています。今でこそeスポーツとして社会的地位を築きつつある「ゲーム」ですが、梅原はまだ熱中することに忌避感を覚える人が大半だった1990年代からゲームに集中し、世界大会で優勝を重ねてきました。彼が著書『勝ち続ける意志力』の中で述べたのがこの言葉。ほんのわずかな差で勝敗が決まる厳しい勝負の世界では、相応の戦う覚悟と努力が求められるのです。どんな競技・領域であれ、トップ選手の感覚や考えは、共通していることがわかります。

メジャーで登板したときに、
「打たれて悔しい」と思うのか、
「投げられてラッキー」と思うのかは、
心の持ちようじゃないですか。

上原浩治

野球

これは、書籍『勇気がもらえる145の言葉』で語られた上原浩治の思いです。多くの日本選手が目標としてきたメジャーリーグ移籍。上原は日本で10年のプロ生活を経て、2009年にようやく挑戦権を得ました。そのとき上原は、メジャーに挑戦できること、登板できること自体を喜んでいたのです。自分の投げたボールを打たれたら悔しいのは確かですが、それ以上に10年間温め続けた思いを実現できる幸せを感じたと言います。上原はその後、日本人初のワールドシリーズ胴上げ投手となりました。

休みの日はずっと、
山を走っていました。
ドラフトで指名されるまでは
絶対に頑張るんだと
自分自身に誓ってね。

西本聖

野球

書籍『平成野球30年の30人』で語ったこの言葉は、プロ野球選手
としての西本聖が誕生する前、生まれ故郷の愛媛・興居島（ごごし
ま）時代を思い返した発言です。1974年にプロ入りし、約20年間
現役生活を送ることになる西本は、先にプロ野球選手となり家計
を支えていた兄の影響を受けながら成長しました。「途中で止まっ
たって誰も見ていないんだからやめてもいいのに、最後までスピー
ドを緩めないで上り切る」というように、徹底して自分で自分を追い
込んでいたからこそ、プロでも長い間活躍できたのでしょう。

辞めてみて今思うのは、
一つの目標を持って
そこに突き進むのは、
過酷だし本当にしんどいけど、
努力すれば絶対に花が咲く、
ということ。
いま僕、花満開ですもん。

荻野正二
バレーボール

『Number』(753号／2010年4月)で、元バレーボール日本代表主
将の荻野正二はこのように語っています。所属実業団のサントリー
では優勝7回、日本代表として1992年バルセロナ、2008年北京五
輪にも出場した荻野は、2010年に40歳で現役を引退。長い選手生
活はとても過酷な毎日だったと言います。しかし、38歳で出場した
北京五輪最終予選、男子日本代表にとって16年ぶりの五輪出場を
つかみとった試合で、最後のスパイクを決めたのが荻野。長年の努
力が花を咲かせた瞬間でした。

5

月

この世に生を受けたこと。
それ自体が
最大のチャンス
ではないか。

アイルトン・セナ

モータースポーツ

伝説のF1レーサー、アイルトン・セナ。彼が命を落としたのは、
1994年5月1日、イタリア・サンマリノGPのレース中でした。ブラ
ジルに生まれ、父の影響でカートレースに参加し始めたセナは、3
度のワールドチャンピオン獲得、優勝回数41回などを記録し、「史
上最高のF1ドライバー」の称号を得て、「音速の貴公子」とも呼ばれ
ました。競技自体に命の危険が伴い、恋人に「走りたくない」と漏ら
したこともあったというセナ。数々の記録と記憶を残して34歳でこ
の世を去った彼の、味わい深い言葉です。

若いうちは
無駄が
栄養ですね。

野茂英雄

野球

野茂英雄は、1990年にプロ入りし、5年後にメジャーリーグ移籍。いまとなっては珍しくなくなった日本人のメジャーリーグ移籍は、この時代にはほぼ前例がありませんでした。そして、1995年5月2日にメジャー初登板。翌年にはノーヒットノーラン達成など活躍した野茂は、アジア人野球選手の道を開拓しました。そんな彼は、高校生のころ、野球から逃げたいと思いながらも、逃げずに続けてきたことが誇りや強さになっていると語ります。年齢を重ね、当時は無駄に思えたことが自分をつくってきたことを悟ったのでしょう。

精力善用

自他共栄

嘉納治五郎

柔道

「精力善用」とは、「善を目的として、精力を最有効に働かせること」。
「自他共栄」とは、「社会を構成する1人ひとりが相互に融和協調し
て、共に生き栄えること」。これらは柔道の創始者、嘉納治五郎に
よって柔道の根本原理として示された言葉です。嘉納は柔術を学び、
1881年に独自の柔道を構築。翌年、その拠点である「講道館」を設
立しました。柔道の教育的価値も感じており、柔道を通した人格陶
冶にも注力。1909年には東洋人初の国際オリンピック委員となる
など、日本のスポーツの基盤を築きました。

脇役の一流には
なれたかなと
思います。

宮本慎也

野球

プロ野球・ヤクルトスワローズで19年間プレーした宮本慎也。シーズン最多犠打の日本記録を打ち立てるだけでなく、状況に応じた打撃ができる、マルチな選手でした。ゴールデングラブ賞を10度受賞し、守備の名手として知られるなど、どちらかと言えばチームの黒子のような立ち位置でした。そんな宮本が2000本安打を達成したときに『Number』（803号／2012年5月）で語ったのがこの言葉です。日本代表選手のキャプテンとして五輪にも出場した宮本は、徹底的にチームのために献身し続けた一流の脇役だったのです。

僕が知っている
"ドーピング"は
ただひとつ、
"努力"だけだ。

ロベルト・バッジョ

サッカー

ロベルト・バッジョはサッカーの強豪、イタリア代表のスーパース
ター。W杯にも3度出場しています。キャリアを通じてイタリア国内
リーグで活躍し、1990〜95年に在籍したユヴェントスでは、1993
年のこの日のUEFAカップ決勝で2ゴールを決め、チームをヨーロッ
パクラブNo.1へと導きました。その年には、「バロンドール」(欧州
年間最優秀選手)にも選ばれています。エースストライカーとしてプ
レッシャーにさらされる場面が多かったバッジョは、努力すること
によってそれを跳ねのけてきたのです。

人生は一瞬の夢。
同じ夢なら、
素晴らしい夢を
持とうではないか。

三浦雄一郎

登山

1970年の今日、登山家・三浦雄一郎はエベレストの8000m地点からの大滑降を成功させました。これは歴史的偉業とされており、その記録をした映画『エベレスト大滑降』は1976年のアカデミー賞でオスカーを受賞しています。この言葉は、大滑降を終えた三浦が手記に残したものです。約50年前に大滑降を行った後も夢を追い続け、2013年には80歳でエベレスト登頂成功(世界最高齢)。危険を伴う冒険とはいえ、三浦にとってはそれが生きている喜びを感じられる体験であり、生涯の宝物なのです。

登山は
エンジンも
タイヤもない。
自分だけの力による
純粋な挑戦だから。

片山右京

モータースポーツ、登山

1990年代にF1レーサーとして活躍した片山右京は、登山家・植村
直己に憧れ、現役当時から登山を趣味とし、世界中の山に挑んでい
ました。1997年にF1を引退すると、登山をライフワークとして、活
動を始め、2001年にはネパールと中国の境にある、標高世界第6
位のチョー・オユー（8201m）の無酸素単独登頂に成功。F1では
決してチーム環境に恵まれたわけではなかった片山。結果がマシン
の性能にある程度依存してしまうF1と異なり、自分の足で1歩1歩
登っていく登山が、片山には魅力的に映ったのでしょう。

僕はときどき走ることによって
最高の自由を垣間見たような
気になることがある。
身も心も一度に解放されるからだ。

ロジャー・バニスター

陸上中距離

ロジャー・バニスターは、イギリス・オックスフォード大学の医学生だった1954年5月、世界で初めて1マイル（約1.6キロ）4分の壁を破りました。当時、医者や科学者の間では1マイル4分を切るのは不可能で、挑戦すれば死に至るとも言われていた大記録。バニスターは「ゴール後に倒れてから起き上がったとき、私は死んだんだと思いました」と語っています。この日以来、次々と4分を切る選手が出てきました。100m走の「10秒の壁」を壊すのと同様、バニスターの記録は、選手たちの心理的な壁も壊していったのです。

脳みその肉離れはない。

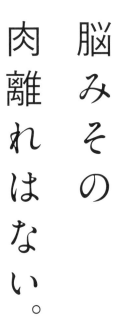

鳥内秀晃

アメリカンフットボール

2020年5月9日に行われたオンライン討論番組で、関西学院大学アメリカンフットボール部前監督の鳥内秀晃が語った言葉です（神戸新聞NEXT／2020年5月11日）。同大を率いた約28年間で学生日本一12回、日本選手権優勝1回を成し遂げたアメフト界の名将は、新型コロナウイルスによる緊急事態宣言の影響で自粛を余儀なくされた学生たちに向けて、自宅での過ごし方を伝えました。体と違い、頭はいくら使ってもケガはしない。アスリートにとっても、頭を使うことが重要であると述べているのです。

怖いもの知らずで行って、
ぶちのめされたから、
今があるんじゃないかな。

青木功

ゴルフ

1965年のプロデビュー戦から、優勝85回、国内ツアー賞金王5回
などの功績を挙げ、2004年に世界ゴルフ殿堂入りを果たした青木
功。50年以上現役で戦い続ける青木ですが、初勝利は7年目。マ
スターズ初出場は1974年で、当初は予選落ちを繰り返します。た
だ、諦めずに地道な努力を重ね、1980年の全米オープンで準優勝、
1983年にはアメリカツアーで初優勝するなど、階段をひとつずつ上
がっていったのです。「時事ドットコム」(2015年12月7日)でのこ
の言葉は、若いころの挑戦が無駄ではないことを表しています。

今の僕にとって
善戦は意味が
ないんです。

錦織圭

テニス

錦織圭は2014年のこの日、スペイン・マドリードで行われたマスターズ大会で決勝を戦いました。決勝の相手は第1シードのラファエル・ナダル。この大会中に初の世界ランキングトップ10まで押し上げた勢いそのままに、マスターズ初優勝を狙った錦織でしたが、決勝では途中棄権でナダルに敗戦。その後のインタビューでこう語りました（『錦織圭　マイケルチャンに学んだ勝者の思考』より）。マスターズ大会でその後、4度もの準優勝を重ねる錦織。勝ち切って優勝できる強さをずっと求め続けているのです。

何かを失いながらの
チャレンジ。
どちらも中途半端になる
可能性もある。

平野歩夢

スケートボード、スノーボード

スノーボード男子ハーフパイプで2014年のソチ五輪、2018年の平昌五輪と連続銀メダルを獲得した平野歩夢。2018年の秋に夏季五輪種目であるスケートボードへの挑戦を表明し、2019年のこの日、日本選手権で優勝。2021年の東京五輪を目指しています。しかし、平野には「スノーボードで五輪金メダル」という目標もあります。2種目を行うリスクも感じながら、スケートボードに励む平野が「時事ドットコム」（2019年5月22日）でこう語りました。「あえて難しい道で戦う」と自分を奮い立たせているのです。

よく「頑張ってパラ五輪に行ってね」
なんて言われるが、
最大の褒め言葉は五輪。
パラ選手も五輪に出られるんです。

平塚雄二

パラアーチェリー

2020年5月13日の「愛媛新聞」で、パラアーチェリー選手兼協会
副会長の平塚雄二はこう言いました。2004年に事故で頸髄（けいず
い）を損傷し、車いす生活に。50歳でアーチェリーに出会い、60代
半ばを迎えても、若手を牽引する存在となっている平塚。アーチェ
リーは、身体障がい者と健常者の区別なく戦える競技で、2016年
にはイランの選手が五輪にもパラ五輪にも出場しています。パラ選
手が健常者と肩を並べられるスポーツはなかなかありませんが、平
塚は信念を持って健常者とのガチンコ勝負を楽しんでいます。

僕は、トレーニングの合間に
支援してくれる友人たちと
宝くじの販売や、
スポンサー探しに追われたり、
物乞いのような行為をしなければならない。
そうしないと、遠征資金どころか、
生活費さえも確保するのが困難なのだ。

ロゲリオ・コスタ・リマ
パラトライアスロン

2016年の今日、横浜で行われたITU世界パラトライアスロン大会に出場するため、ブラジルから来日出場したロゲリオ・コスタ・リマ。母国・ブラジルのパラトライアスロン選手の置かれている環境をWeb「パラフォト」(2016年5月29日) でこのように話しました。彼は「資金不足で参加できなかったこともある」とも語っており、パラスポーツ選手の苦悩がうかがえます。しかし彼は10位に終わったこの大会後、「いい経験になった。次はいい結果が出るだろう」と発言し、前向きな姿勢を見せました。

スポーツを愛する
多くのファンの
皆さまに支えられまして、
Ｊリーグは今日ここに
大きな夢の実現に向かって、
その第一歩を踏み出します。

川淵三郎

サッカー

この言葉の続きはこうです。「1993年5月15日、Ｊリーグの開会を
宣言します」。これは、当時Ｊリーグチェアマン（理事長）を務めた
川淵三郎が、開幕セレモニーで述べた開会宣言です。日本初のプロ
サッカーリーグの誕生に、多くの日本人が歓喜にわきました。Ｊリー
グは2020年時点で38都道府県56クラブが参入。今日はその一
歩目が踏み出された記念日です。川淵は2015年に日本バスケット
ボール協会会長に就任し、その年のＢリーグ発足にも貢献するなど、
強いリーダーシップを見せました。

チームが勝つために
必要なことだと
思ったら
遠慮なんかしませんよ。

城島健司

野球

福岡ダイエーホークスを経てメジャーリーグに挑戦し、国内外で捕手として活躍した城島健司。この発言はダイエー時代に城島が語ったものです。当時城島は、王貞治監督と衝突しているのではないかという噂もささやかれていました。しかし、城島はとことん話し合うことを重視しており、それは衝突ではないと考えています。特に捕手はチーム全体を考えて率いていくポジション。正捕手としてチームの勝利を考え、必要なことだと判断したら監督にも遠慮なく伝える。それが彼の野球に対する真摯さでした。

1球1球に
一喜一憂しているのは
まだまだアマチュアよ。

谷繁元信

野球

谷繁元信は、前ページの城島と同じく、捕手として日本球界で活躍
しました。これは『Number』（735号／ 2009年8月）で語った言葉
で、チームメイトの投手が得意のボールを暴投し、負け投手になっ
てしまったときのもの。谷繁は失投を責めたのではなく、自分の得
意なボールで勝負したことを評価し、「次に生きる経験だ」と述べま
した。捕手は投手のボールをただ受けるのではなく、投手を成長さ
せるリードをすることに価値があるのです。通算3021試合出場の
日本記録を持つ谷繁の一言だからこそ、重みがあります。

人生最大の敵は
うぬぼれであり、
最大の味方は
努力である。

田舛彦介
卓球

日本だけでなく世界のトップ選手も使用している卓球用品ブランド
「バタフライ」。そのメーカーである株式会社タマスの創業者が田舛
彦介です。彼は1920年に生まれ、卓球選手を経てタマスを創業し、
長年にわたり、卓球の普及振興を願い続けてきました。活動は用具
メーカーだけにとどまらず、技術指導書『卓球レポート』を創刊した
り、1983年には世界に誇れる設備をもつ「バタフライ卓球道場」を
設立したりと奔走しました。そのバタフライ卓球道場に飾られてい
る15の教訓のひとつがこの言葉です。

喜びは
ほんの
一瞬です。

福原愛

卓球

幼少期からテレビ番組で注目を集め、「泣き虫愛ちゃん」などの愛
称で親しまれた福原愛。福原は注目の大きさに違わない成長を遂
げ、15歳でのアテネ五輪から4大会連続で五輪に出場。北京五輪
では団体の3位決定戦で敗れメダル獲得を逃しますが、その後の
2010年のアジア大会で、3種目すべてでメダルを獲得。そのときに
『Number』（808号／2012年7月）で語った言葉です。喜びはすぐ
に新しい重圧に変わる。それを実感しながらも、福原は2012年ロ
ンドン五輪団体で、日本卓球史上初の銀メダルを獲得したのです。

空の屋根
土をしとねと草枕
雲と水との旅を
するなり

河口慧海

冒険

河口慧海（かわぐち・えかい）は、明治から昭和時代に生きた僧侶で、日本人で初めてチベットへの入国を果たしました。翻訳なしの仏陀の教えを学びたいと考えた河口は、チベット語の仏典を求めて、当時鎖国状態だったチベットに向かい、1900年に初めて潜入。約3年間の滞在を経て、1903年の今日、神戸港に帰着しました。翌年、単身でチベットを旅したこの体験を著した『西蔵（チベット）旅行記』に記したのがこの短歌。自然の中、未知なる仏典を求めてひとり旅をしている情景が浮かんできます。

ワールドカップで優勝したって
泣かないと思いますよ。
優勝したら一生を
保証してくれるっていうんなら、
泣くかもしれませんけどね。

中田英寿

サッカー

20歳からサッカー日本代表（A代表）としてプレーし、3大会連続のW杯出場に貢献した中田英寿。1997年の今日、韓国代表との一戦でA代表デビューし、翌月に行われたフランスW杯アジア一次予選で代表初ゴールを決めました。これはちょうどそのころ、『Number』（420号／1997年6月）で「W杯出場が決まったらどうするか」を問われて発した言葉。その後、日本はアジア予選を勝ち抜きW杯初出場を達成。ただ、中田はこの9年後、2006年ドイツW杯で敗退した際、ピッチ上でひとり涙することになるのです。

5 / 22

チームが苦しいときに、
逃げずに点を取っていきたい。
苦しいときこそ、
チームを引っ張っていけるような
プレーをしたい。

木村沙織

バレーボール

2012年ロンドン五輪前に語った決意の言葉です。木村沙織は、高校2年で日本代表に選ばれ、アテネ、北京、ロンドン、リオデジャネイロと4大会連続で五輪に出場。アテネ、北京での木村は、代表チームの中でも若く、得点源ではあるものの妹的な存在でした。しかし、ロンドン大会時には日本の絶対的エースになっており、眞鍋政義監督からキャプテンに任命されました。名実ともにチームを率いる存在としてこう語り、ロンドン五輪で日本女子は28年ぶりの銅メダルを獲得したのです。

半端なゴルファーほど
自分のスウィングに
ついて語りたがる。

戸田藤一郎

ゴルフ

戦前から戦後にかけて活躍したプロゴルファー・戸田藤一郎。18歳でプロとなり、20歳で日本プロ制覇、24歳の1939年には日本オープン、日本プロ、関西オープン、関西プロという当時の年間グランドスラムを達成するなど、輝かしい実績を収めています。さらに、48歳で日本オープン優勝という最年長記録も打ち立てており、「鬼才」と呼ばれることもありました。この言葉の通り、戸田は中途半端に終わることを拒み、徹底的に練習していたと言われています。長くトップ選手でいられた理由は、その姿勢にあるのです。

芝生には申し訳ないと
思いましたけどね。
でもこの跡が、
ずいぶん僕を
励ましてくれました。

桑田真澄

野球

PL学園時代に1年生からエースを務め、2回の甲子園優勝を果た
し、鳴り物入りでプロ入りした桑田真澄。2年目で2桁勝利を挙げ、
1994年にはリーグMVPを獲得するなどプロでも活躍していました
が、1995年のこの日、試合中に右ひじの靱帯を断裂。手術と長期
離脱を余儀なくされます。1996年の1年間を棒に振ることになっ
た桑田は、ひたすらグラウンドを走る毎日。球場の外野フェンスに
沿って芝がはげるほど走り込み、「桑田ロード」と呼ばれました。こ
のときのことを書籍『平成野球30年の30人』で、こう語りました。

The harder you work the luckier you get.

頑張るほど運がついてくる。

五十嵐カノア

サーフィン

プロサーファーの五十嵐カノアが自身の"POWERフレーズ"として日本テレビ「POWERフレーズ」(2019年7月14日)で語った言葉です。3歳でサーフィンを始め、2012年にUSAチャンピオンシップU-18を制したのは、なんと14歳のとき。2017年に世界最高の大会であるUSオープンで優勝を果たすなど、驚異的な成長と成績で、2021年の東京五輪から正式種目となったサーフィン競技の日本代表筆頭候補として期待されています。五十嵐は、大会結果というのは地道な努力を続けた末に行きつく「幸運」だと考えているのです。

生と死を分けたのが
ただの運でしかないとしたら、
いったい運とはどれほどのものかと。
いくら自問自答しても、
答えが見つからないんです。

竹内洋岳

登山

竹内洋岳は2007年、仲間とともに標高8035mのガッシャブルムⅡ峰を登山中、雪崩に巻き込まれて300mを滑落。竹内自身は、体のほとんどが雪の中に埋まった状態で奇跡的に救助されましたが、仲間2人が犠牲に。この事故を振り返って『Number』(742号／2009年11月)で述べたのが、この言葉です。苦悩の日々が続きましたが、復帰は絶望的と言われる中、竹内は登山に再挑戦します。そして2012年の今日、積年の目標だった「8000m峰14座」を制覇。さまざまな犠牲を払いながら、41歳で悲願を達成したのです。

最高の戦士とは、
常に勝ち続ける者
ではなく、
恐れることなく
次の戦いに挑む者。

フェルナンド・アロンソ
モータースポーツ

スペインのF1レーサー、フェルナンド・アロンソは、2005年に最年少で年間チャンピオンに輝き、翌2006年も連覇。ところが、2009年には年間9位になるなど、低迷も経験します。この言葉は、2012年5月27日に開催されたモナコGPで3位に終わった翌日、自身のTwitterで発信した言葉です。アロンソは2018年、F1と並行してFIA世界耐久選手権（WEC）という、自動車耐久レースに参戦し、3大レースを制覇。ひとつのレースで敗れても、恐れることなく次の戦いに挑む姿勢を貫いていたのです。

No attack
No chance.

佐藤琢磨

モータースポーツ

日本のモータースポーツ界を代表するドライバー、佐藤琢磨。2017
年のこの日に、3大自動車レースのひとつ、インディアナポリス500
マイルで日本人初優勝を果たしました。通算8度目の挑戦でようや
くつかんだ頂点でした。佐藤が座右の銘とするのが、この言葉。そ
の意味するところは、「どんなに失敗しても、挑戦し続ければ必ず道
は開かれる」というものだと語っています。佐藤は2020年の同大会
で2度目の優勝。前ページのアロンソ同様、佐藤もまた挑戦を続け
ているひとりです。

野球も人生も勝たないかんばい。

原貢

高校野球

1966年から約30年間、東海大学系列の野球部監督として腕を振るった原貢は、原辰徳の実父であり、菅野智之の祖父にあたります。原が指揮した東海大相模高校は甲子園で優勝1回、準優勝1回。東海大学は1990年から96年の退任までにリーグ優勝6回という成績を残しています。東海大相模高校の監督に就任した際、神奈川の野球を制していた法政二高を倒すと宣言。実際に法政二高に勝利して甲子園に出場し、そのまま甲子園でも優勝しました。原の命日である今日、燃えたぎるパワーを感じる原の口癖を。

100分の1秒の記録の向上は、

100m走に当てはめると

僅か3ミリくらいの

差でしかなく、

これを新記録というには

恥ずかしいほどの

結果でしかない。

中村敏雄

大学教授

100m走においては、長い間10秒の壁に阻まれてきた歴史があります。陸上選手にとって、10.00と9.99では天と地ほどの差があるのです。しかし、100分の1秒を距離にするとわずか3ミリ。この3ミリを埋めるために選手たちは自ら厳しいトレーニングしますが、その意味や価値は、改めて考えられるべき事柄であると、元広島大学教授の中村敏雄は著書『近代スポーツの実像』の中で述べました。犠牲を払って記録更新を目指すことすべてに価値があるとは一概に言えない、というスポーツの課題が浮き彫りになっています。

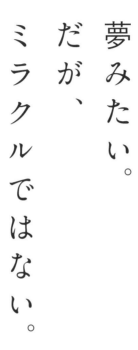

夢みたい。
だが、
ミラクルではない。

ブルーノ・メツ

サッカー

2002年の今日、日韓共同開催のサッカーW杯が開幕しました。ソウルの競技場で行われた開幕戦のカードは、フランス対セネガル。前回大会で優勝しているフランスに対し、初出場のセネガルが0-1で勝利を挙げ、波乱の幕開けとなりました。当時のセネガル代表監督、ブルーノ・メツは試合後このように発言。「ミラクルではない」とあるように、チャンピオンのフランスに対しても勝算を持って臨んだことがうかがえます。セネガル代表はこの勝利の勢いそのままに、グループリーグを突破し、ベスト8の成績を収めました。

6

月

「勝ちたい」じゃなくて
「負けちゃいけない」が強い。
このチームでプレーする
宿命だと思ってやってきた。

阿部慎之助

野球

捕手、主砲、主将として 2000 年代の読売ジャイアンツを支えた阿
部慎之助。ジャイアンツが、長年プロ野球界の盟主として君臨し、
「常勝」を義務付けられたチームであることを、阿部は誰よりも理解
していました。この言葉は、2019 年の日本シリーズ初戦で現役最後
のホームランを放ったときに語ったもの(「日刊スポーツ」2019 年 11
月 6 日)。たたき上げの技術と勝負強さで、打者としてさまざまな記
録を打ち立てた阿部は、2019 年の 6 月 1 日、捕手としてリーグ初の
400 本塁打を達成しました。

あの時は張り切りすぎましたね。
あれで予防線を張る
というのを覚えたので、
いつすべてがダメになっても、
うろたえんぞと。
負けても死なないということが
わかりましたから。

木村敬一

パラ競泳

パラ競泳選手、木村敬一がWeb「アスリート×ことば」（2020年6月30日）で「あの時」と語ったのは、2016年のリオデジャネイロパラリンピックのこと。金メダル獲得を有望視され臨んだ結果は、銀2個と銅2個。十分に「活躍」と言える成績ですが、金を獲れなかった悔しさで木村は泣き崩れました。この挫折経験が彼を強くしていることは間違いありません。2020年に予定されていた東京パラリンピックの延期が決まった状況でも、この言葉のように、冷静さと覚悟を持って、そのときに向けた準備をしているのです。

19位と優勝したときでも
練習内容は変えていませんし、
強くなったとは思っていません。
ただ安定感が増しただけです。

別府健至

駅伝

日本体育大学駅伝部は、2012年の箱根駅伝で19位という、日体大史上最悪の結果に終わりましたが、そのわずか1年後の2013年に一転、総合優勝を果たしました。この言葉は、監督の別府健至が、ムック『箱根駅伝100人の証言』の中で語ったものです。2012年の結果を受けて、走るフォームを丁寧に習得する手法を導入。すると、走る練習メニューは変えることなく、安定した結果が出るようになったと言います。スピードの前に、まずは土台を固めておくことで、パフォーマンスの波が少なくなるのです。

確かに色物だと思います。
でも、それで強ければ
カッコいいでしょう?

須藤元気

格闘技

須藤元気は、高校からレスリングを始め、世界ジュニア選手権に出場するなど活躍していました。その後、渡米して格闘技大会に出場するようになり、帰国後に日本の総合格闘技団体「パンクラス」でデビュー。踊りながらの入場、ドレッドヘアーやタトゥーなどの外見演出だけでなく、格闘技の試合中にプロレス技を繰り出すなどで観客の注目を集めました。これは『Number』(512号／2000年12月)で語った言葉。色物という自覚を持ちながら、強さを希求する姿勢を持ち合わせたことが、須藤の魅力でした。

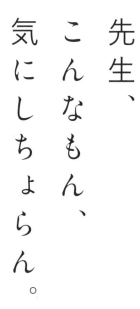

先生、こんなもん、気にしちょらん。

ジョセフ・オツオリ

駅伝

ジョセフ・オツオリは、ケニア出身の留学生として山梨学院大学に入学し、箱根駅伝などで活躍しました。オツオリの入学は1988年。箱根駅伝史上初めての留学生として、新たな道を開拓しました。2区を走ったオツオリは、異次元のスピードで次々と選手をかわして話題になります。しかしその裏では、理解のない人々から「卑怯者」と書かれた手紙が届くこともあったと言います。それを見たオツオリは上田誠二監督に、笑顔でこう述べたのです。流ちょうな山梨弁は、日本に適応しようと努力した4年間の証でした。

こういう職業ですので、
気持ちを新たにし、歩んでいきたい。
幸いにも、今日勝負できる
喜びを感じたい。

原辰徳

野球

これは 2014 年 6 月 6 日に、原辰徳が父・原貢の葬儀を終えて、会見で語った言葉です。この日の夜には、原が監督を務める読売ジャイアンツの試合が組まれていました。葬儀の日であれ、父も自分も、野球に人生を投じてきた身であるという思いから生まれた言葉ではないでしょうか。さらに、この日の先発投手は偶然にも、原の甥であり、エースの菅野智之。原は菅野に対し、「彼の野球人生の中で大切な試合になると思う」と送り出すと、菅野は快投を見せ、見事に勝利を挙げたのです。

最初から通用するとは
思っておらず、
失敗と挑戦を繰り返し、
成長していければいい。

中井彩子

自転車

「宮崎日日新聞」(2019年1月4日)で、中井彩子はこう発言しました。高校時代から自転車競技を始め、大学在学中の2018年、U-23全日本選手権のロードで初優勝。2019年2月に競技大国のフランスに渡り、トップアマチュアチームに所属してレース経験を積み、世界で戦える選手を目指しています。渡欧を前に中井がこのように述べたのは、高校・大学でなかなか表彰台に届かず、悔しい思いをしながらも努力を続けたことで、2018年に日本一などの成果を挙げられた、という自信があったからです。

6 / 8

賞賛され続けていると
自分の考え方は
間違っていないと
思い込んでしまう。

為末大
陸上短距離

2012年の今日、為末大は日本選手権の予選で敗退し、引退を表明しました。400mハードルの選手として、2001〜2005年に日本選手権5連覇、2001年の世界陸上では、決勝で日本記録を樹立し、日本人初の短距離種目の銅メダルを獲得。同競技の第一人者となりました。為末はメディアから多くの賞賛を浴びますが、褒められ続けて過去の栄光にすがる怖さも感じていました。自己を確立する重要性を実感し、引退後は「実験」として経営や教育など自分から新しい領域に携わり、スポーツへの還元活動を行なっています。

人のために頑張ると、限界値が伸びるんです。

水谷隼

卓球

水谷隼は、15歳で日本代表に選出され、全日本選手権で通算10回の優勝を誇るなど、長く日本の男子卓球界を牽引してきました。3大会連続で五輪に出場し、2016年のリオデジャネイロ五輪では団体戦で男子初の銀メダル、そしてシングルスでは、男女通じて五輪初の銅メダルを獲得しました。これは、世界を転戦して自らを鍛え続ける水谷が「家族やファンのことを考えると力が出てくる」と、自らの原動力を高校生向けオンライン授業で語った言葉です(スポニチ／2020年7月13日)。水谷の誕生日である今日6月9日に。

200階まで行きたい。
エレベーターも
エスカレーターも
ダメとなったら、
もう階段しかないでしょう。

桑田真澄

野球

桑田真澄は、読売ジャイアンツでエースとして活躍している真った
だ中、右ひじのケガにより戦線離脱します。どん底の時期も、じっ
くり1年以上かけてリハビリを積み、ケガを乗り越えて復活。そし
て2006年、39歳でメジャーリーグに移籍し、この日にメジャー初
登板を迎えました。桑田は野球選手としては小柄であったため、体
格に恵まれた周りの選手のようなスピードでは上にあがれない。つ
まり、自分には階段しかないのだと悟りながら、階段を1段1段登っ
ていったことが、彼を大投手へと育てていったのです。

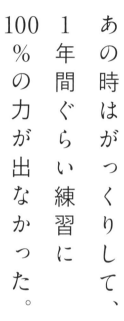

あの時はがっくりして、
1年間ぐらい練習に
100％の力が出なかった。

富山英明

レスリング

レスリングの元日本代表・富山英明が言う「あの時」とは、1980年
のモスクワ五輪に、日本代表選手団がボイコットを決めたときのこ
とです。直前の1978、1979年の世界選手権を連覇し、金メダル候
補とされていた中で、開催2か月前に無念のボイコット。政治的な
問題を理由に、晴れ舞台を白紙にされた悔しさは相当なものだった
はずです。それでも富山は次の五輪に向けて練習を積み、1984年
のロサンゼルス五輪で金メダルを獲得。沈む時期があっても、諦め
ずに前を向いた努力の結晶でした。

計画や準備を怠るということは、失敗を計画しているようなもの。

菊池雄星

野球

岩手・花巻東高校を経て、ドラフト1位で埼玉西武ライオンズに入団。エースとして活躍したのちに海を渡り、メジャーリーグの扉をたたいた菊池雄星。彼が野球で成功を収めてきた裏側には、高校時代から積み上げてきた圧倒的な読書量があります。「野球だけ上手い人にはなりたくない」と、日常生活でも人間力を磨こうとする姿勢を貫いてきたのです。菊池のプロ初登板は2011年の今日。プロ入り後の数年は苦しみ、当初の計画通りではなかったかもしれませんが、2019年に、夢だったメジャーデビューを果たしました。

1日休むと
2日損する。

大松博文

バレーボール

大松博文は、監督として 1964 年の東京五輪で「東洋の魔女」と呼ばれた女子バレーボール日本代表を金メダルに導きました。「鬼の大松」と呼ばれ、選手たちに過酷な練習を課すことで世間を騒がせたこともありました。大松の信念がこの言葉であり、その厳しさが表現されています。休んだ 1 日と、休んだ日に落ちた技術や体力を取り戻すためのもう 1 日。合計 2 日損をするという意味です。大松は体力以上に精神的な部分を強調していたと言います。これらの徹底的な指導により、日本女子は世界に名をとどろかせたのです。

6 / 14

変人でいい。

並木月海

ボクシング

中学時代にボクシングを始め、5回の全国大会を含む27戦無敗を誇った高校時代を経て、自衛隊体育学校に進学した並木月海。普通の学生生活とは程遠く、ボクシングにのめり込む並木でしたが、周囲との温度差に戸惑うこともありました。そんなときに、リオデジャネイロ五輪に出場した成松大介にこの言葉をかけられたと、日本テレビ「POWERフレーズ」(2020年6月14日)で話しました。変人であることを受け入れた並木は、2018年の世界選手権で銅メダルを獲得。2021年の東京五輪に向けて練習を積んでいます。

簡単なことを
一生懸命やる
というのが
大事なんだ。

輪島功一

ボクシング

元WBA・WBC世界スーパーウェルター級王者の輪島功一は、1968年のこの日、プロボクサーとしてデビューしました。輪島のデビューはボクサーとしては極めて遅い25歳。本人もそれは自覚しており、当時は世界に挑戦するとは考えていなかったと言います。そのため輪島は出世を焦ることなく、ひとつずつ練習をこなしていきました。すると、デビューから7連続KO勝ち。3年後には世界チャンピオンに輝きました。目の前の簡単で小さなことを着実に行う姿勢が、大きな成功を引き寄せるのです。

人間、同じことを
何年も続けていると、
知らず知らずのうちに
〝毒素〟が
たまってしまう。

尾崎将司

ゴルフ

ゴルフ界のレジェンド、「ジャンボ」こと尾崎将司は、3年間プロ野球選手として活躍した後、1970年にプロゴルファーデビューをしています。世界ランキングで5位まで登りつめたことがあり、2005年のこの日には、生涯1000試合出場を達成。2010年に世界ゴルフ殿堂入りし、長きにわたって活躍しています。尾崎は『Number』(149号／1986年6月)で、このように述べました。主にメンタル面を意識して語られたもので、同じことの繰り返しで気持ちの新鮮さが失われていくことを危惧しているのです。

全ての経験が

自分に生きてくると思う。

いい経験ばかりが

自分を成長させてくれるわけではない。

経験しない方がよかったと思ったことも、

前向きに乗り越えてしまえば、

「あれがあったから、何が起きても

微動だにしない図太さが生まれた」

と思える日が絶対来ると思う。

いいことも悪いことも、
まずは受け止めてほしい。
そして、「どうしてこれが悪いこと、
苦しいことだと思うか」という
クエスチョンを大事にしてほしい。
分からない物事に対して、
人は逃げがち。
分かるようになれば怖くなくなる。
乗り越える手段を見つけてしまえば、
同じことが来ても、もう大丈夫。

上田藍
トライアスロン

トライアスロンのレース中に、事故で外傷性くも膜下出血や左肺の
気胸に見舞われ、復帰レースで左足底けん膜断裂と、続けて2度の
大ケガを負った上田藍。この言葉は、「時事ドットコム」(2020年7
月30日)で語ったものです。粘り強くリハビリを続け、パフォーマ
ンスが向上していたところに、2020年の東京オリンピックの延期が
発表されました。しかし、36歳(当時)の上田はこれも前向きにとら
えていたのです。何度もケガから復活してきた彼女が言うからこそ、
説得力のある言葉です。

最初から自分のベストな漕ぎを
イメージするよりも、
ここではこういう失敗が起こり得る
という想定をして、
その準備をしておきます。

羽根田卓也

カヌー

2016年リオデジャネイロ五輪のカヌースラローム競技でアジア人初の銅メダルを獲得し、世界を驚かせた羽根田卓也。羽根田はリオ五輪の直前に行われたW杯（2016年6月18日）で日本人初の表彰台となる3位に入っており、その勢いで五輪銅メダルを獲得していたのです。プレッシャーや変化の多い環境で試合に臨む心持ちを、Web「VICTORY」（2019年6月26日）のインタビューでこう語りました。変化の多いいまの時代には、羽根田が「リカバリーの競技」と表すカヌーの心得が活かせる場面も多いことでしょう。

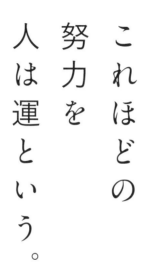

これほどの努力を人は運という。

張本勲

野球

近年はテレビ番組のコメンテーターとして存在感を放っている張本勲は、1959 年にプロ入りし、20 年以上第一線で活躍した野球選手でした。日本初の 3000 本安打、史上唯一の 500 本塁打 300 盗塁、シーズン打率 3 割超え 16 回など、挙げればきりがないほどの記録を打ち立てた稀代のヒットメーカーです。張本の成績は、「運」だと言われることも多かったと言いますが、実際には、凄まじい量の素振りに裏打ちされた技術があってのもの。技術は、ある日突然目覚めるものではなく、毎日の努力によって習得できるものなのです。

ある程度やれたなとは思う。
ただ、ある程度やれた、では
しようがないんですよね。

中山雅史

サッカー

1998年、サッカー日本代表は史上初めてW杯に出場しました。前回大会は「ドーハの悲劇」により出場できなかったため、日本にとって悲願の初出場。1998年6月20日に行われた2戦目のクロアチア戦で敗れ、無得点のまま2連敗となったときの『Number』（450号／1998年7月）での中山雅史の発言です。W杯出場だけで満足せず、世界で「勝つ」ことを明確に意識した発言と言えます。その後グループリーグ3戦目では、ジャマイカに1-2で敗れたものの、中山は日本人初得点を決め、一矢報いました。

気にすることはない。
私はワールドカップで
PKを外した
ことがある。

ジーコ

サッカー

2006年のドイツW杯で男子日本代表監督を務めたジーコ（本名：
アルトゥール・アントゥネス・コインブラ）は、現役時代、ブラジル
代表や日本の鹿島アントラーズでプレーしました。「ジーコ」という
名は小柄で華奢だった少年時代からの愛称です。この言葉は、ある
選手が大事な試合でミスをして失点し敗れた際に、監督のジーコが
かけた言葉です。実際にジーコは、1986年のこの日、メキシコW杯
準々決勝でPKを外し、結果的にブラジル代表は敗退。大きなミス
をした経験も乗り越えてきたということを伝えたのです。

誰かに勝とうではなく、
こんなことが
実現したら楽しいという
発想が技を生んだ。

塚原光男

体操

塚原光男は、1968年メキシコ、1972年ミュンヘン、1976年モント
リオールまで、体操男子団体メンバーとして五輪3連覇。また、長男
の塚原直也は、2004年のアテネ五輪体操男子団体で金メダルを獲
得し、史上初の父子金メダリストとなっています。塚原光男は跳馬
で「ツカハラ跳び」、鉄棒で「月面宙返り（ムーンサルト）」など、新技
を開発し、次々と五輪の舞台で成功させました。勝つことではなく、
体操を心から楽しみ探求し続けた結果、技術が向上し新技が生ま
れたのだと塚原は語りました。

カメルーンは貧しい。
苦しむ国民が
ひとつになれるのが
サッカー。
その期待を背負うから
戦えるんだ。

パトリック・エムボマ

サッカー

パトリック・エムボマは、サッカーカメルーン代表として 2002 年の
日韓 W 杯に出場。日本での最初の試合となったカメルーン対アイル
ランド戦でゴールを決めました。J リーグのガンバ大阪などでもプ
レーしたことがあるエムボマですが、そのころ、同僚のいらなくなっ
た中古のシューズを母国の子どもたちに送っていたというエピソー
ドがあります。サッカー選手はカメルーン国民にとって憧れの存在。
それを自覚し、エムボマはスター選手となっても母国への貢献を決
して忘れませんでした。

俺が蹴る。

遠藤保仁

サッカー

2010年の今日、サッカーW杯南アフリカ大会のグループリーグ第3戦、デンマークとの一戦が行われました。エース・本田圭佑のフリーキックにより先制点を奪った日本は、前半31分に再びフリーキックのチャンスを得ます。ここでも本田圭佑が蹴るかと思われたところで、蹴ったのは遠藤。そして、弧を描いたボールはゴールに突き刺さりました。この場面で、遠藤は自ら、本田にこの言葉をかけたと言います。ここ一番で自信を持って自己主張し、実際に決めて見せたこのゴールは、見ているものに勇気を与えました。

もう一度
同じ道をたどれ
と言われても、
それは断るよ。

エンツォ・フェラーリ

F1マシン製造

F1界の中心となるイタリアの世界的自動車ブランド、フェラーリを
創設したエンツォ・フェラーリ。その人生は、若くして父を失い、兄
は戦死し、自身も徴兵され、除隊後にフェラーリを設立。F1マシン
製造で存在感を示した後も、長男の病死、レース中の事故や資金
難など……。数多くの壁に阻まれては乗り越えてきた、そんな半生
を振り返った晩年の言葉とされています。フェラーリ自身は1988年
に亡くなりますが、2002年の今日、彼の名を冠した「フェラーリ・
エンツォフェラーリ」が世界にお披露目されました。

どんなに打っても打ち返されて、
まるで壁と戦っている感覚でした。
あの壁をどうやったら
崩せるんだろうって。
それを崩して勝てたとき、
本当の嬉しさがあるんだろうって。

錦織圭

テニス

このとき、錦織圭が「壁」と言い表したのは、2014年のマドリード・
オープン決勝で敗れたラファエル・ナダルのこと。「クレーキング」
と呼ばれるナダルに対して、序盤リードを奪うなど健闘しましたが
最後は敗戦。そんな中でも、何を打っても打ち返してくるクレーコー
ト大会の王者を崩すことを想像し、対戦を楽しめたというのです。
今日は、錦織が4大大会で初めてナダルと対戦した日(2010年ウィ
ンブルドン選手権)。2020年時点での錦織対ナダルの通算成績は
2勝11敗。いつか壁を崩すことができるのでしょうか。

We won!

西竹一

馬術

陸軍中尉だった西竹一は、1932年のロサンゼルス五輪、馬術競技で金メダルを獲得しました。「オリンピック始まって以来の難コース」と言われ、すべての障害を乗り越えられたのは出場11人中5人のみでした。これは、スタジアムの大観衆の前で答えたインタビューでの言葉。「I」ではなく「We」だったのは、自身と乗っていた馬の「ウラヌス号」を指した言葉だったからです。馬のおかげで金メダルを取れたということを伝えたのです。彼は「バロン・ニシ」の愛称で外国人にも親しまれました。

この舞台に
私も
立ちたかった。

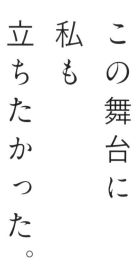

大岩義明

馬術

10歳のときにポニーに乗ったことから乗馬の魅力を感じ、競技として馬術をするようになった大岩義明。30年以上のキャリアを誇り、北京、ロンドン、リオデジャネイロと3大会連続で五輪に出場しています。実は大学卒業後に1度引退しサラリーマン生活を送っていた大岩は、2000年のシドニー五輪の開会式を見て、押し殺していた本心に気づき競技に復帰。年齢は関係なく、自分が「やり切った」と思えるまでチャレンジを続けると、Web「d menu スポーツ」(2020年6月24日) で語りました。

あるものだけで、
どうやって楽しもう。
そう考える知恵を
自然と身につける
ことができた。
親に感謝せんと。

野村克也

野球

野村克也がこう発したのは、『Number』（474号／1999年7月）で
のこと。1990年代にヤクルトスワローズの監督として指揮を執って
いたころ、野村は「貧乏人の家庭で、あれも欲しい、これも欲しい
なんてわがままを言えんかった」と語っています。あるものに感謝し
やりくりする姿勢は、監督としての手腕にも表れており、決して潤沢
とは言えないスワローズを知恵と創意工夫で4度のリーグ優勝に導
きました。その後も、阪神や楽天を率いてチームづくりに力を発揮。
今日はそんな野村の誕生日です。

勝ちに
不思議の勝ちあり、
負けに
不思議の負けなし。

松浦静山

剣術

前ページの野村克也の座右の銘として、有名なこの言葉。元になっているのは、江戸時代後期の大名、松浦静山(まつうら・せいざん)が書いた剣術書『剣談』での一節です。静山は剣術の達人としても知られており、勝負の本質をこう表しました。偶然勝つことはあっても、偶然負けることは決してない。剣術の世界で「負け」とは、すなわち「死」を意味します。生死がかかる厳しい世界の中で、負けないために考え抜いた静山の言葉は、失敗から学ぶことがいかに重要かを教えてくれます。

7

月

ありがたいことに僕の夢に
「お前が言うなら」と乗ってくれた方は
確かに多かったと思います。
でもそれはリーグとしては
一過性のもので、本質的ではない。
あえて自分が離れることで
そういう本質が
整っていけばいいと思っています。

松下浩二
卓球

1993年に日本初のプロ卓球選手となった松下浩二は、4度の五輪
出場や海外リーグ参戦など、卓球選手の道を開拓しました。2009
年に引退後は、卓球用品メーカーの社長に就任。さらに2018年の
この日には、発足を目指す「Tリーグ」のチェアマン（理事長）となり、
同年10月のリーグ開幕に尽力しました。この言葉は、チェアマンを
退任した2020年7月に、Web「VICTORY」（2020年7月16日）で述
べたもの。先駆者である松下があえて離れることで、新しい人材が
生まれ、より発展していくことを願っているのです。

どれだけ速い球が

投げられるかどうかは

本人のもって生まれた才能に

かかっているが、

その他の点は練習を重ねることによって

ある程度まで伸びるものだと思う。

ロジャー・クレメンス

野球

ロジャー・クレメンスは、メジャー3年目の1986年に、シーズン24
勝を挙げてサイヤング賞（その年最も活躍した投手に贈られる栄
誉）とMVPを獲得。クレメンスは、速球派の投手として注目されま
したが、ただボールが速いだけではありませんでした。ストレートに
頼らず、多様な変化球とコントロールを身につけ、守備や牽制球も
練習によって上達。その向上心と積み重ねがあったからこそ、その
後、サイヤング賞を史上最多の7回受賞するなど、メジャーリーグ
を代表する選手となったのです。

陸上で
東京を目指すことを
絶対に諦めない、
諦めたくないと思えたから、
私は1人の
陸上選手になれた。

村岡桃佳

パラスキー、パラ陸上

2018年の平昌パラリンピック、アルペンスキーで日本選手最多の5つのメダルを獲得した村岡桃佳。さらに、車いす陸上にも取り組み、2020年の東京パラリンピックを目指していました。そんなときに入ってきた東京大会の延期発表。村岡はショックを受けますが、夏と冬のパラリンピックを両方目指すことについて聞かれ、Web「アスリート×ことば」(2020年9月24日)のインタビューでこう答えました。パラ選手としての夏冬出場が叶えば日本人初。諦めない気持ちが、アスリートとしての強さを彼女に与えています。

私は
この地球上で
もっとも幸せな
男です。

ルー・ゲーリッグ

野球

1920〜1930年代に、メジャーリーグの名門ニューヨーク・ヤンキースで活躍し、三冠王やMVPなど数々のタイトルを獲得したルー・ゲーリッグの引退日が、1939年の今日。これは引退セレモニーの際のゲーリッグの発言です。当時36歳の彼は、筋萎縮性側索硬化症という病に侵されており、引退した2年後にこの世を去りました。ゲーリッグは、自分の死期が近いことを悟ってこの言葉を残したのです。そしてヤンキースでは、ゲーリッグがつけていた背番号「4」を、初めて永久欠番に指定しました。

自由が欲しかった。
好きなときに
好きなところで
テニスをやる自由が。

マルチナ・ナブラチロワ

テニス

チェコスロバキア（現・チェコ共和国）出身のマルチナ・ナブラチ
ロワは、18歳のとき、USオープンに参加するため、共産主義の母
国からアメリカへ亡命。亡命の際の記者会見で述べたのがこの言葉
です。東西冷戦下の世界で、自由に大会に参加するための行動であ
り、亡命に政治的な意図はありませんでした。テニス選手として初
めて東側から西側に亡命したナブラチロワはその後、ウィンブルド
ンで史上最多9回の優勝を果たすなど大活躍します。当時、自由に
スポーツができる環境は、当たり前ではなかったのです。

"挑戦"を意味する
"トライ"が、
ラグビーを象徴する
言葉だということが
僕には大きな
モチベーションなんです。

大畑大介

ラグビー

2002年のこの日、ラグビー日本代表の大畑大介は、テストマッチにおける日本新記録となる8トライを記録しました。圧倒的な走力でトライを量産していた大畑が、『Number』(630号／2005年6月)で語ったのが、この言葉です。彼は2006年には通算トライ数を65とし、世界記録を更新。さらに、その後69トライにまで記録を伸ばしました。W杯にも2大会出場し、3トライを記録しています。ラグビーが現在ほど日の目を浴びていなかった時代に、大畑はテレビ番組などでも活躍し、挑戦を続けていたのです。

適所に打たれた
当たり損じの球は、
不適所に打たれた
どんな見事な球よりも
効果がある。

ビル・チルデン

テニス

20世紀前半に活躍したアメリカのテニス選手、ビル・チルデン。1920年代にウィンブルドン3回、全米オープンで7回の優勝を果たし、10年間にわたって全米ランキング1位を誇った名プレイヤーで、日本のテニス黎明期に多大な影響を与えたと言われています。世界で初めてボールの回転に着目した選手とされ、多くの技術書や指導書を残しています。その中でチルデンは、「試合では崩れたフォームで返球を迫られることが多い」など、この言葉にも示唆されているような、型にこだわりすぎる指導に警告を発しました。

叫ぶことで、

〝頑張っている〟

と感じるかもしれない。

だが、大声を出せば

多くのことを忘れてしまう。

頑張り方にもバランスが必要だ。

フース・ヒディンク

サッカー

フース・ヒディンクは、世界各国を渡り歩き、さまざまな環境下で
サッカー監督を務めました。母国・オランダ代表をはじめ、世界最
高峰のクラブ、レアルマドリード、オーストラリア代表、ロシア代表
など、次々とチームを戦う集団へと変革してきたのです。特に、2001
年から率いた韓国代表は、2002年の日韓W杯で次々と強豪を破り、
初のベスト4進出と躍進しました。名将として名を馳せるヒディンク
の指導には、この言葉に表されるような信念があります。結果を出
すための努力とは何かを考えさせられます。

成功の可能性は0%だと言われて、
諦めることができるような、
そんな軽い気持ちで
夢を追いかけたわけじゃないです。

ジネディーヌ・ジダン

サッカー

サッカー元フランス代表の司令塔、ジネディーヌ・ジダン。バロンドールなどの世界的な個人タイトルだけでなく、所属チームがW杯、欧州選手権、チャンピオンズリーグなど、主要タイトルをすべて獲得するという、まさに「勝者」の道を歩いてきました。ジダンの現役最終戦は2006年の今日。ドイツW杯の決勝でした。ジダンはこの試合で先制点を挙げたものの、後半にレッドカードで退場。フランスも敗れ準優勝となりましたが、MVPはジダンになり、真っすぐに夢を追いかけたスター選手の、栄光の締めくくりとなりました。

人生は
チャレンジし続けなくちゃいけない。
チャレンジしている限りは、
「オレ、終わってないぞ」と
思えるんだから。

青木拓磨

モータースポーツ

青木拓磨は幼少期からバイクレースを始め、頭角を現していました。20代前半で日本チャンピオンとなり、23歳の1997年には世界GP最高峰クラスに参戦します。しかし、1998年の開幕を前に事故で下半身不随に。バイクに乗れなくなった青木ですが、モータースポーツへの熱は持ち続け、4輪レースに復帰。さらに兄弟のサポートを受け、2019年になんとバイクレースにも復帰するのです。この言葉は『パラスポーツマガジンVol.6』(2019年11月)で語ったもの。22年のときを経てなお、青木はチャレンジを続けています。

パン屋は昨日売ったパンで
生活することはできないし、
サッカー選手も
昨日の試合に頼っていては
生きていけない。

ユルゲン・クリンスマン

サッカー

1980年代から90年代にかけて、西ドイツ、ドイツ代表のセンターフォワードとして活躍したユルゲン・クリンスマン。引退後は指導者としても尽力し、2006年に準優勝したフランス代表監督、さらに2011〜2016年にはアメリカ代表監督を務めるなど、活動を止めません。実は父親がパン職人で、自身もパン職人の資格を持つクリンスマン。彼がパン屋に例えて語っているのは、過去にすがらない姿勢です。彼は、常に新たなものを生み出し続けることにこそ価値があると信じているのです。

野獣になれ、京子。
目いっぱい
目ん玉をひんむけ、
男を超えろ、女を超えろ、
人間を超えろ！
野獣になれー！

アニマル浜口
レスリング

元プロレスラーのアニマル浜口は、いまでは娘・京子の指導者、熱狂的な応援者として、「気合いだ！」という雄叫びとともに有名となっています。この言葉は、1997年のこの日、京子が初優勝を果たした世界選手権75キロ級の決勝のマットに向かう際に、アニマル浜口が叫んだ言葉です。腹の底から大声を出すことで逆に精神が落ち着くという持論で、娘にパワーを送り、京子は優勝。そこから親子の本当の戦いが始まり、2大会連続の五輪銅メダルなどの功績を残すことになったのです。

僕が
持っているものは、
すべて努力によって
手に入れた。

セルゲイ・ブブカ

陸上

「鳥人」と呼ばれた棒高跳び界のスーパースター、ウクライナ出身の
セルゲイ・ブブカ。1985年の今日は、ブブカが世界で初めて6mを
突破した日です。その後、1988年ソウル五輪金メダル、さらに屋内
と屋外合わせて世界記録を35回も更新。1994年に記録した屋外
6m14㎝は、2020年9月にアルマンド・デュプランティスに更新さ
れるまで16年間破られませんでした。ブブカは10代で、棒高跳び
に専念するため母と離れており、それほどの徹底した努力によって、
これだけの成績を残すことができたのです。

棒高跳びの選手が
早い時期に
身につけるべきものは、
心というものは
考えるための道具であって、
悩むだけのものでは
ないということだ。

R・V・ガンスレン

研究者

『棒高跳びの力学』の著者であるR・V・ガンスレン博士は、やり投げや棒高跳びの研究をしていました。同書の一説がこの言葉に詰まっています。棒高跳び選手は、心を、競技やその他のことに関し、「悩む」ということだけでなく、「これからどうすべきか」を考えるために使うべきだと論じました。前ページのブブカなどは、考えることを繰り返したからこそ、世界記録を次々と更新することができたのでしょう。これは棒高跳び選手やその他のアスリートだけでなく、すべての人に当てはまることではないでしょうか。

本当はそうじゃないのに

と思っていても、

周りからはすごいと

思われちゃうのも、

ある意味、

センスの1つなのかもしれませんね。

高橋由伸

野球

幼少期から野球エリート街道一直線で、「天才」と呼ばれることの多かった高橋由伸。慶應大学では1年からレギュラー、4年間全試合フルイニング出場など凄まじい記録を残してプロ入りした高橋ですが、本人の自覚は「普通のプレーを普通にしているだけ」。特別なことをしているつもりがなくても、他の人よりできてしまった。そんなエピソードは類まれな才能を持つ人物によく聞かれます。自分は普通にできるけれど、周りの人にとっては難しいことを知ることが、才能に気づくということなのでしょうか。

向こうの国のスポーツであっても、
そんなの知ったこっちゃない。
フェンシングは世界中の誰もが
（メダルを）狙えるスポーツに
なっていますから。

太田雄貴

フェンシング

ヨーロッパ発祥のフェンシングは、日本では決してメジャーとは言えません。しかし、2008年の北京五輪で太田雄貴が銀メダルを獲得して以降、知名度が爆発的に向上しました。その背景には、頂点をにらみ続けた太田の執念があります。ネット環境が整備され、海外選手の分析が容易になるなど、各競技でボーダーレス化が進み、かつてはとても歯が立たなかった相手にも、気持ちと取り組み方しだいで勝機を見出せる。それを証明した太田の活躍でした。これはスポーツに限った話ではありません。

7 / 17

今を戦えない者に次とか来年とかを言う資格はない。

ロベルト・バッジョ

サッカー

ロベルト・バッジョは、1993年にバロンドールを獲得し一世を風靡。「イタリアの至宝」「ファンタジスタ」とも呼ばれました。しかし、1994年のアメリカW杯で悲劇を経験します。順調に勝ち上がって迎えたブラジルとの決勝戦は、W杯決勝史上初のPK戦にもつれ込みます。そこで最終キッカーとなったバッジョはPKを外し、イタリアは優勝を逃したのです。1994年の今日のことでした。これによりバッジョは非難の標的になりますが、決して逃げることなくいまを戦い続け、その年には所属クラブを優勝に導きました。

自分が何がしたいかは、
自分で決める。
自分の思っていることを、
はっきりと言う。
それが自由だと思った。
それが欲しかった。

ナディア・コマネチ

体操

ルーマニアの女子体操選手であるナディア・コマネチは、1976年のモントリオール五輪で3個の金メダルを獲得。五輪史上初めて10点満点をたたき出し話題となりました。当時14歳だった彼女は「白い妖精」と呼ばれ、アイドル的人気を博します。しかし、冷戦下の母国で、コマネチの存在は政治利用され、24時間監視されるなど、社会情勢に振り回されてしまいます。そして1989年、命を懸けて亡命を決行。ナブラチロワ（7月5日の名言）同様、この時代、自由を求めて母国を後にしたアスリートは少なくなかったのです。

オリンピックで最も重要なことは、

勝つことではなく参加することである。

同様に、人生において最も重要な事は、

勝つことではなく奮励努力することである。

肝要なのは勝利者になった

ということではなく

健気に戦ったということである。

ピエール・ド・クーベルタン

近代オリンピック創始者

1896年から始まった近代オリンピックの創始者、ピエール・ド・クーベルタン。この言葉は、1908年に行われた第4回ロンドン大会において、選手間の感情の対立によりトラブルが起こってしまったことに端を発します。大会期間中の1908年のこの日、司教のタルボットという人物が、この言葉で選手たちをいさめました。クーベルタンはその言葉に感激し、自分のスピーチに引用。さらに、1932年のロサンゼルス大会では、大会のモットーとして、この言葉が聖火台下の掲示板に掲げられました。

演技している間は
夢中で何も
わからなかった。

加藤澤男

体操

日本のお家芸と言われて久しい体操競技。そのイメージが築かれた
のは、男子体操団体チームが1960年のローマ五輪から1976年の
モントリオール五輪まで5連覇したことが大きな理由です。そのう
ち3大会でメンバーとなり、個人種目も含めて累計8個の金メダル
を獲得し、「体操ニッポン」の象徴的存在となったのが加藤澤男です。
モントリオール大会で1976年のこの日、ソ連との激戦を完璧な演
技で締めくくり、逆転優勝に導いた演技を振り返ったのがこの言葉。
いわゆる"ゾーン"に入っていたことがわかります。

素晴らしいスポーツシューズを作って、
青少年を立派に育てよう。
これが僕の使命でした。
事業を興すなら、
志を持たないといけない。
それも終生の志です。
この志を持てるかどうかで
事業の成否が決まるんです。

鬼塚喜八郎

スポーツ用品メーカー

スポーツシューズやウェアを開発・製造する「アシックス」の創業者、
鬼塚喜八郎が、『ベンチャー通信10号』(2004年6月)で語った言
葉です。戦後間もなく、お金儲けのために闇商売を行う人も多かっ
た当時、鬼塚は「日本の青少年のために一生を尽くす」と一念発起し、
スポーツシューズのメーカー事業を興しました。また鬼塚は、「危機
に耐えられる人は、私利私欲だけで事業を起こしていない人」とも
言っています。この志があったからこそ、アシックスは世界的メー
カーに成長できたのでしょう。

アムステルダムのデパートなんか
万国旗が飾ってあったが、
日の丸はなかった。
私が優勝したら翌日からでしたよ、
日の丸が売りに出されたのは。

織田幹雄

三段跳び

1928年のアムステルダム五輪、日本人で初めてのオリンピック金メダリストが生まれました。陸上、三段跳びの織田幹雄です。当時の日本スポーツは開催国のオランダをはじめ、ヨーロッパ諸国に名が知られていたわけではありません。その中での優勝だったために、優勝時にポールに掲げる日の丸が、大会側で用意されていなかったと言います。織田が残した功績が、現地のデパートに日の丸をもたらしたのです。ちなみに、英語で「ホップ・ステップ・ジャンプ」というこの競技を「三段跳び」と和訳したのも織田でした。

誰かが最初にやるから
前例となるし、道もできる。
非難されるからと
何もやらなかったら、
自分は向上しない。

橋本聖子

スピードスケート、自転車

スピードスケート選手として冬季五輪に4度出場し、1992年のアル
ベールビル五輪では銅メダルを獲得する中で、橋本聖子は自転車競
技にも参入し、1988年のソウルから1996年のアトランタ大会まで、
3度夏季五輪の舞台に立っています。いまでは世間の理解も広まっ
ていますが、二刀流で突き進んだ橋本に対し、当時は多くの非難が
集まりました。自転車で初のプロ選手となった批判を振り返り、彼
女はこう述べたのです。政治活動にも参画するなど、橋本はその後
も、常識に縛られない行動で道をつくっています。

希少価値あるでしょ、
ボク。
こんなデブ
いないもんね。

中村剛也

野球

中村剛也は、プロ4年目で1軍に定着し、2020年までに6度のシーズンでホームラン王に輝いているスラッガー。ブレークの1年となった2005年に『Number』（632号／2005年7月）で語ったのがこの言葉です。丸みを帯びた体格と、好きな言葉は「おかわり」という大食漢ぶりが相まって、「おかわり君」という愛称で呼ばれるなど、ファンにも親しまれている中村。誰よりも自分の立ち位置を理解し、「ホームランアーチスト」と謳われるほど美しいホームランを生み出し続けているのです。

オリンピックに
慣れることなんてない。
慣れないと
知っていることが
強みなのかもしれない。

寺内健

飛び込み

「神戸新聞 NEXT」(2019年7月14日)でのこの言葉は、5度のオリンピックを経験し、6度目を東京で果たそうとしている寺内健だからこそ出てきたものなのでしょう。「まさかこの年まで競技を続けるとは」と語る寺内は、2009年に一度引退を発表しますが、2010年に復帰。2021年の東京五輪期間中に41歳を迎えます。レジェンドと言われる年齢とキャリアを重ねても慣れない五輪の舞台。寺内は、中学生のときに掲げた「オリンピックでメダルを獲りたい」という目標に向かい、緊張感を持ち続けているのです。

7 / 26

スポーツを
苦い思い出にしたままで
一生を終えるのは、
どうしても嫌だった。

中野紘志

ボート

19歳で初めてボートに触れ、その2年後には世界大会で準優勝を
飾った中野紘志。リオデジャネイロ五輪で初めて五輪に出場し、東
京五輪を目指している中野は、Web「d menu スポーツ」(2020年3
月11日) でこう語っています。小中高時代に水泳、サッカー、テニス、
陸上といろいろなスポーツを経験し、それらは苦い思い出で終わる
ことも。しかし、「学生時代の最後に」と始めたボートで躍進。その
経験から、「短い選手生命の中でも、必死に努力することによって人
は変われる」ということを伝えたいと、競技に打ち込んでいるのです。

不調な時でも違った収穫がある。

宮里藍

ゴルフ

宮里藍は、高校3年だった2003年にプロ宣言をし、史上初の高校生プロゴルファーとなりました。2004年には獲得賞金が1億円を突破し、日本プロスポーツ大賞新人賞を受賞するなど飛躍の年となりました。これは、そんな宮里が『致知』(2004年6月号)で語った言葉です。絶頂期とも言えた時期に、不調の際の収穫について語っていたのです。調子が出ないときには割り切り、少しでも何か得ようとしていたことがわかります。10代からそのような姿勢でゴルフと向き合ったからこそ、宮里は、世界で活躍する選手となりました。

最後は気持ちが
強い人間が
勝ちを取ることが
できるんだなって
つくづく実感しました。

上野由岐子

ソフトボール

2008年北京五輪にて、初の金メダルを獲得したソフトボール日本
代表の上野由岐子が、決勝後のインタビューで発した言葉です。決
勝の相手は五輪4連覇を目指したアメリカ。世界最高レベルの剛速
球を生かし、日本の絶対的エースだった上野は、決勝戦を含む2日
間で413球を投じました。ちなみに今日は、2002年に上野が日本
代表として世界選手権デビューした日。勝ち投手となりデビュー戦
を飾ると、その大会の別の試合で完全試合を達成するなど、日本の
大黒柱への第一歩を踏み出したのです。

私にとって、金メダルは
単なる結果に過ぎない。
一番大切なのは
子どもとの生活であって、
そのためにカヌーがある。

ビルギット・フィッシャー

カヌー

ドイツの女子カヌー選手、ビルギット・フィッシャーは、1979年に
17歳で世界選手権を制するなど、若いうちからトップアスリート生
活を送ってきました。1980年から2004年まで6回の五輪に出場
し、獲得した金メダルは累計で8個。圧倒的な実績を残しています。
しかし、現役中の1986年と1989年に出産し、2児の母となった
フィッシャーは、カヌー・五輪至上主義ではなく、子どもとの生活
を第一に考えていました。自分の人生にとって大事なものは何なの
かをしっかり定義していくことの大切さを考えさせられます。

最初はただの物真似でも、
何度も繰り返すうちに
自分の形に
なっていくものです。

吉田秀彦

柔道

1992年バルセロナ五輪、柔道78キロ級で金メダルを獲得した吉田
秀彦。この大会ではすべて1本勝ちという圧倒的な強さを誇りまし
た。そんな吉田は、身近にいる強い選手の物真似を通して、体に動
きを覚えさせていきました。はじめから自分の形をつくっていくとい
うよりは、最初はぎこちなくても、強い選手の物真似を続けていく
ことで体になじみ、自分のものになっていくのです。特に吉田が参
考にしていたのは、2歳上の金メダリスト・古賀稔彦で、無精ひげを
生やすところまでマネをしていたと言います。

調子が悪いときは勝てる。

古賀稔彦

柔道

前ページの吉田秀彦と同じく、1992年バルセロナ五輪で金メダリストとなった古賀稔彦。得意技が一本背負いだったことから「平成の三四郎」と呼ばれ、日本選手団主将も務めました。前年の世界選手権で優勝するなど、五輪金メダルを期待される中で、直前に膝を負傷。痛み止めを打ちながらの大会となりました。この状態で、古賀は勝つための方法を必死で考え、極限の集中力を発揮したのです。この言葉は金メダル獲得後に語ったもの。「極限状態のピンチでもチャンスに変えられる」ということを実証しました。

8

月

やっと内村航平を証明できました。

内村航平

体操

2012年の8月1日、ロンドン五輪の体操競技で、金メダルを獲得したときに内村航平本人が口にした言葉です。日本では男子個人総合で28年ぶりの快挙となりました。ロンドン五輪では、アテネ大会以来の団体金メダルを目標に掲げながら銀メダル。さらに個人総合の予選では、金メダル確実と言われながら、あん馬と鉄棒で落下するという不調に陥っていました。そうして迎えた決勝でしたが、安定した演技でまとめ、大差で優勝したのです。世界トップレベルの実力を保持しているという自負を感じさせる名言です。

言ったじゃないですか。
本番には合わせるって。

澤穂希

サッカー

8月2日は、2011年のサッカー女子W杯で初優勝した日本女子代表、通称「なでしこジャパン」が国民栄誉賞を受賞した日です。東日本大震災などの困難に見舞われた同年に、日本に勇気と感動を与えたなでしこジャパンの中心には、澤穂希がいました。この発言は、銀メダルを獲得した2012年ロンドン五輪でカナダとの初戦で勝利したときの『週刊サッカーマガジン増刊』(2012年8月)での言葉。直前まで体調不良で欠場を続けながら、見事なまでの結果を出した彼女の勝負強さと意志の強さがうかがえます。

ハルチ・ウムチ・ツヅチ

具志堅幸司

体操

これは琉球神道の言葉です。1984年のロサンゼルス五輪の体操競技、男子個人総合で金メダルを獲得した具志堅幸司は、母校の恩師から授かったこの言葉を唱えて、競技に向かいました。当時、テレビに映し出された具志堅が、競技前に目を閉じて口を動かしている姿が注目を浴び、多くの人に知られることになったのです。「張る(ハル)」「生む(ウム)」「続く(ツヅ)」にそれぞれ「血」や「霊」の意味を持つ「チ」がついて、気力を充実させるという意味があります。おまじないや呪文としても知られている言葉です。

康介さんを手ぶらで帰らすわけにはいかない。

松田丈志

競泳

レース直後のインタビューで発せられ、2012年のロンドン五輪のハイライトとしてあまりにも有名な言葉です。日本競泳界のエース、北島康介は同大会、個人でメダルを獲得することはできませんでした。最後の望みをかけた8月4日の400mメドレーリレー決勝。北島以外の松田丈志、入江陵介、藤井拓郎の3人は、試合前にこう話し合い臨みました。そして4人の力を結集して銀メダルを獲得。長年日本の競泳を牽引してきた北島に、見事に結果で報いた競泳陣のキャプテン、松田らしい言葉です。

自信はないけど、負けるのは嫌い。

三屋裕子

バレーボール

1984年のこの日、ロサンゼルス五輪の女子バレーボール代表は準決勝敗退。代表チームの一員であった三屋裕子は、現役時代、まったく自分に自信を持てなかったと言います。しかし、彼女の負けず嫌いな性格は、現役引退後の活躍に活かされてきました。三屋は大学講師、日本バレーボール協会理事、アパレル訪問販売企業の社長などを歴任し、2016年からは日本バスケットボール協会会長を務めています。悔しい思いをバネに向上心を持って新しいことにチャレンジすることは、いつからでも遅くはないのです。

頼っていては
勝てない。
試合では一人。

三宅宏実

重量挙げ

三宅宏実はアテネ、北京とオリンピックに出場。メダルを期待され
ながら、本来の力を出せず、惜しくも手が届きませんでした。自分に
は何が足りないのか？　自問して出てきた答えが、この言葉に表れ
ています。メキシコ五輪で銅メダルの父、義行さんとの二人三脚で
ここまで歩んできたものの、彼女は父に頼りすぎていたことに気づ
いたのです。これ以降、自主的に練習するようになり、ロンドン五
輪でメダルを獲得。さらに30歳で迎えた2016年リオデジャネイロ
五輪でも、8月6日、2大会連続のメダルを手にしました。

試合が
終わらなければいい。
もっとこのチームで
戦いたかった。

平野早矢香

卓球

2012年のロンドン五輪で、日本卓球女子が団体戦決勝で銀メダル
を獲得した8月7日。試合終了後に感想を問われてあふれ出た言葉
です。平野早矢香は女子卓球日本代表の最年長として、福原愛、石
川佳純という強力な仲間とともに、日本卓球界史上初めてとなるオ
リンピックのメダルを手にしました。歴史に刻まれるような快挙の
裏には、彼女たちの想像を絶する努力があったはずです。その努力
を共有し、苦難を乗り越えた仲間とだからこそ、できるだけ長く戦
いたいと感じたのでしょう。

苦しいうちはダメ、
鍛錬不足の証拠。
苦しさに慣れ
平気になって、
本当の苦しさの
探求が始まる。

鶴田義行

競泳

鶴田義行は、日本競泳界で初めて、オリンピック金メダリストとなりました。その記念すべき日が1928年8月8日。アムステルダム五輪でのことでした。鶴田はその後もさらに苦しい鍛錬を積み、1932年のロサンゼルス五輪で連覇を達成しています。鶴田が得意とした平泳ぎは、彼以後も名選手が次々と誕生し、日本のお家芸と言われるまでになりました。また、水泳の普及や発展にも尽力していた鶴田の出身地、鹿児島市には顕彰碑と銅像があり、碑にはこの名言が刻まれています。

先輩たちの
顔が
浮かびました。

安藤梢

サッカー

2012年の今日、ロンドン五輪女子サッカーにおいて、日本は銀メダ
ルを獲得しました。前年にW杯で優勝を飾っていたものの、オリン
ピックでのメダル獲得はロンドン大会が初めて。16歳で日本代表
に初招集されてから、アテネ、北京と2度のオリンピックを経験し、
苦杯を喫してきた安藤にとって、そして日本女子サッカー界にとって
念願のメダルでした。そしてそのとき、ともに戦い、女子サッカーの
歴史を紡いできた多くの先輩プレーヤーに敬意を表し、帰国会見で
こう答えました。

僕は記録のために
プレーしている
わけじゃない。
ゴールは練習の成果だし、
チーム全員のものだ。

ネイマール

サッカー

サッカー界でも数々のスーパースターがそろうブラジル代表でエースを務めたネイマール。彼がブラジル代表としてデビューを果たしたのが2010年8月10日のアメリカ戦、当時18歳でした。その後22歳でエースにまで上り詰め、W杯でも活躍したネイマール。その後もMVPや得点王など多くの栄誉を手にしましたが、「モチベーションは何か?」と問われて答えたのがこの言葉です。常にチームの勝利を追い求めているからこそ、ネイマールは確かな実績を残すことができたのでしょう。

優勝を争うた
よき相手に対する
礼儀という気持ちで、
これも夢中で
どちらからともなく
握手をしておりました。

前畑秀子

競泳

オリンピックで日本女性が初めて金メダルを獲得したのは、1936年8月11日のことでした。ベルリン五輪200m平泳ぎで、地元ドイツの選手とのデッドヒートを制して優勝。日本女性スポーツの歴史に、大きな1ページが刻まれた瞬間でした。この名言は、当時を振り返って手記に記したものです。当時の社会環境も重なり、文字通り命を懸けた努力と覚悟で競技に打ちこみ、泳ぎきった前畑。しかし死力を尽くしたゴール後には、隣のコースにいたライバルと「握手」で健闘をたたえ合う、爽やかな姿があったのです。

前畑がんばれ！

河西三省

アナウンサー

前ページの前畑秀子が金メダルを獲得した決勝レースを実況していたのが、河西三省アナウンサーです。そのラジオの実況は、熾烈を極めたレース終盤、興奮のままに「前畑がんばれ！」とただ連呼するという、およそ実況とは言いがたい、感情的な「応援」の言葉でした。この放送は関係者から「レース展開がわからない」との批判があがるなど、物議を醸すことに。しかし、河西アナウンサーの熱量は確実に国民に伝わっており、いまでも前畑と地元選手のデッドヒートを表す、名実況と言われています。

土は
生きものや。

藤本治一郎

阪神園芸

阪神甲子園球場のグラウンド整備を担う阪神園芸。毎年この時期には、球児たちの熱戦を黒子となって支えています。甲子園の「土守」と呼ばれた藤本は、15歳で阪神電鉄に入社してグラウンドキーパーになり、阪神園芸の礎を築きました。整地はもちろん、季節に合わせて土の配合を変えるなど、そこで躍動する選手たちのためにグラウンド整備を追求。亡くなったときには、整地用トンボのミニチュアが棺に入れられたそうです。甲子園を愛し、土を愛した男のこの口癖を、「朝日新聞」(2007年7月2日) が取り上げました。

悔しいからうまくなりたい、

強くなりたい。

その柔道への情熱っていうのは、

負ければ負けるほど熱くなっていったし、

強くなっていったし。

そういう思いで柔道と向き合ってきたら、

気が付いたら

すごい心が強くなってましたね。

野村忠宏

柔道

アトランタ、シドニー、アテネの3大会で金メダルを獲得した野村
忠宏。全競技通してアジア人初、柔道でも初のオリンピック3連覇
を決めたのが今日、8月14日です。この言葉は、2015年に行った
引退会見で出たもの。強い心と強い体で、負けないイメージがある
野村にも、ケガや自分の心との闘いが無数にあったということを教
えてくれます。そのうえで、引退会見ではこのようにも語っています。
「自分を信じる力はほんまだと思うし、そういう思いを持ち続けられ
た自分がいたからこそ、いまがあると思います」。

負けを知ったとき、初めて勝つことができる。

北島康介

競泳

北島康介は中学校の卒業文集に、このような言葉を書いたのだと、「中日新聞ほっとWeb」（2014年1月22日）で語っています。オリンピックで2大会連続2つの金メダルを獲得し、世界新記録を樹立するなど、競泳界に名を残してきた北島ですが、水泳を始めたころからナンバーワンをひた走ってきたわけではありません。勝つよろこびは、負ける悔しさがあってこそ。北島は高校3年生で臨んだシドニー五輪で4位。その経験を糧に、アテネ五輪では金メダル。このとき発した「チョー気持ちいい」は彼の代名詞となりました。

楽しみが、半分になっちゃった。

鈴木邦雄

マラソン

2013年8月16日に「プレジデントオンライン」に掲載された記事での発言です。鈴木邦雄は、視覚障がい者のマラソンを支える「伴走」のプロフェッショナル。伴走は現状、報酬ゼロのボランティア。交通費も宿泊費も自腹とのこと。それでも30年以上伴走者を続ける鈴木は、「相手の方が喜んでくれるのが僕の喜び」と、視覚障がいランナーを導く役割を楽しみ続けています。フルマラソンの折り返し地点が過ぎたときにはいつも、ランナーにこの言葉をかけてから、こう続けるそうです。「残念です。楽しみは残り半分ですよ」。

結果で
次の4年の
卓球の価値が
変わってしまう。

丹羽孝希

卓球

17歳でロンドン五輪に出場してから、一躍日本卓球界をリードするようになった丹羽がWeb「Rellys」（2020年2月29日）で答えた言葉です。2016年8月17日に迎えた、リオデジャネイロ五輪卓球男子団体決勝では、日本男子初の銀メダル獲得に貢献しました。年齢を重ねるにつれ責任感も増し、「五輪代表はまた違う緊張感がある」とも。オリンピックで結果を残せば、4年後に向けて国の強化支援につながるが、結果を残せなければ卓球の優先順位が下がってしまう。そんな、競技を背負うプレッシャーとも闘っているのです。

常に日本一
という物差しで
どうすべきかを考えた。
そうすることで
日本一になるための
風土ができる。

西谷浩一

高校野球

今ではすっかり高校野球の盟主となった大阪桐蔭高校野球部監督の西谷浩一が、監督として初優勝を果たしたのが2008年の夏でした。監督就任は1998年秋。徐々に力をつけ、10年後の夏に全国制覇を成し遂げたのを皮切りに、2010年代の高校野球界の横綱として君臨しました。西谷が輩出した多くの選手の活躍は高校野球で終わることなく、プロ・アマの野球界に一大勢力を築いています。『Number』（925号／2017年4月）で語ったこの言葉には、その強さの秘訣が表れているのではないでしょうか。

これまでの競技人生から

学んだことで、

今は大学の学生にも

必ず伝えるようにしていることは、

『努力はほとんど報われない』

ということです。

山本博

アーチェリー

2004年のこの日、アテネ五輪で銀メダルを獲得した当時41歳の山本博は、「中年の星」として脚光を浴びました。前回のメダル獲得は日体大在学中の銅メダル。なんと20年越しにメダルの色をひとつ上げたのです。その山本がWeb「VICTORY」(2019年1月18日)で語ったのは、「努力はほとんど報われない」という、残酷にも思える言葉でした。オリンピック代表に挑戦すること10回、そのうち出場できたのは5回。すべて報われるわけではない状況でもあきらめなかったからこそ、栄光を掴むことができるということを教えられます。

死にものぐるいでやるからこそ、
恐怖が生まれる。
教育って何かと考えると、
その恐怖に
打ち勝つことなんですよ。

渡辺元智

高校野球

『Number』（883号／2015年7月）で横浜高校の渡辺元智監督が
語った言葉です。高校野球ファンの語り草となっている、第80回夏
の甲子園大会準々決勝「横浜vsPL学園」が行われたのが、1998年
8月20日。横浜高校は、エース・松坂大輔が延長17回を投げ切っ
て勝利し、準決勝へと駒を進めました。死にものぐるいの一戦を乗
り越えた選手たちはその後、史上5校目の春夏連覇を達成。この試
合は、ひとりで17回250球を投げた松坂に対し、「負荷が大きすぎ
る」として延長15回制に切り替わるきっかけにもなりました。

20年に1人とか、
50年に1人とか、
あるいは1世紀に1人とか、
すべてのスポーツに、
マイケル・ジョンソンのような
特別な選手がいて、
多分、自分もその1人なんだと思う。

ウサイン・ボルト

陸上短距離

陸上短距離界の歴史を塗り替えたジャマイカの英雄、ウサイン・ボルトの誕生日です。これは『Number』(719号／2008年12月)での言葉。常に「伝説になる」と公言してきたボルトは北京、ロンドン、リオデジャネイロ五輪の3大会連続で100m、200m、4×100mリレー3種目制覇[※]という空前絶後の実績を残しました。3種目すべて世界新記録で優勝した北京五輪が「ボルト伝説」の始まりとなり、まさに世紀を代表する特別な選手となっていったのです。

[※]北京五輪4×100mリレー金メダルはのちにチームメイトのドーピング違反によりはく奪

負けたことで、
大学で絶対、
日本一に
なろうと思った。

野村祐輔

高校野球

「甲子園で優勝していたら、どこかで満足してしまっていたかもしれない」。そう『Number』(858号／2014年7月)で語った野村祐輔は、高校野球史に残る試合の「敗者」として刻まれています。彼は2007年8月22日、夏の甲子園決勝で4-1の8回裏に逆転満塁ホームランを打たれて敗れた広陵高校のエースでした。しかしその悔しさをバネに明大進学後、4年時に大学日本一に輝き、ドラフト1位で広島に入団。翌年には新人王にも選ばれました。ひとつの敗戦が、人を大きく成長させることを体現したキャリアと言えます。

鹿島アントラーズというチームは、多くのタイトルを獲ってきた裏で、多くの先輩方が、選手生命を削りながら日々努力してきた姿を僕は見てきました。僕はその姿を今の後輩に見せることができない。日々練習していく中で身体が戻らないことを実感し、このような気持ちを抱えながら、鹿島でプレーすることは違うんじゃないか。サッカー選手として終わったんだなと考えるようになりました。

内田篤人

サッカー

2020年8月23日。この日、内田篤人がサッカー人生に幕を閉じました。日本代表としてW杯に出場するなど、第一線で活躍してきた選手の引退でした。それを決定づけたのは、身体的な変化に加え、身を削る努力を続けられなくなった自分自身の「心の変化」です。内田は引退セレモニーでのこの言葉に続けて、古巣・鹿島アントラーズのチームメイト、スタッフ、サポーターへの感謝を述べました。チーム愛にあふれた選手だからこそ、頑張れなくなった自分がいてはいけないと感じたのでしょう。

怖いもの知らずの
10代が
成功して名前も
売れてくると、
次第に怖いものを
知ってしまう。

岡田武史

サッカー

サッカーの日本代表監督として2010年南アフリカW杯を指揮した
岡田は、内田篤人の引退を受けて、翌24日に綴った「日刊スポーツ」
内の連載で、このような表現をしました。岡田は2008年に19歳
だった内田をA代表に抜擢し、日本代表レギュラーにまで育て上げ
た名将。内田を部屋に呼び、「ボールを受けるのが怖いか?」と声を
かけたこともあり、内田もそのときのことを恩に着ていると言いま
す。若手を育てるためには、経験と、目線に立ったアドバイスが必要
であることを、岡田は知っていたのです。

失敗したことのない人間は
成功することもない。
たゆまざる挑戦が
成功につながるからだ。

カール・ルイス

陸上短距離、走り幅跳び

ウサイン・ボルト同様、陸上競技の歴史に欠かすことのできない存在がアメリカのカール・ルイスです。オリンピックの100mで2連覇、さらに走り幅跳びで4連覇。獲得したメダルはオリンピックだけで10個、うち9個が金メダルという圧倒的な成績を残しました。1991年の今日には、当時の世界記録である9秒86を樹立。これが生涯の自己ベストとなっています。負担の大きい走り幅跳びでは、度重なる足や膝の故障に悩まされたカール・ルイス。そんな彼を支えたのは、挑戦し続ける強い意思だったのです。

頭を動かすということは
それだけで
スタミナを使うので、
普通に考えられるように
しておかないと。

森下広一

マラソン

現役引退後、指導者として森下は日々、「苦しいときにも頭を働か
せなさい」と伝えています。2時間を超えるマラソンでは、ペース配
分や相手との駆け引きなど、常に頭を働かせて走る必要があります。
そこで森下は、400mを走るにしても前半と後半でペースを変え、計
算しながら走らせるようにしていると言います。体だけでなく頭を
動かすことが成長への糧となるのです。バルセロナ五輪マラソンで
の銀メダルだけでなく、10000mや5000mでも結果を残し続けた
森下だからこその説得力のある言葉です。

あのときはじめて、
「敵を愛せよ」
という言葉が
わかりました。

井村雅代
シンクロナイズドスイミング

井村は日本のシンクロナイズドスイミング躍進の立役者です。1972
年のミュンヘン五輪で公開競技だったシンクロナイズドスイミング
に選手として出場後、1975年から指導者のキャリアを歩み始めま
した。2000年のシドニー五輪で金メダルを獲ったロシアを超えるた
め、過酷な練習を課し、臨んだアテネ。結果はまたしても銀メダル
だったものの、終了後、ロシアのコーチを見て、感謝の気持ちが湧
いてきたと言います。自分たちが成長できた背景にはいつでも、世
界一を争い合う相手がいたのです。

私に限界が
あるとしたら、
空だけね。

エレーナ・イシンバエワ

棒高跳び

ロシアのイシンバエワは「ワールドレコードアーティスト」と呼ばれ、世界記録を前人未到の28回も更新。そして、女性選手では不可能と言われていた5mを成功させ、オリンピックで2度チャンピオンに輝いた彼女らしい言葉です。現在も破られていない屋外世界記録5m06を樹立したのが2009年の今日。イシンバエワは自分の可能性を信じ、限界をつくらなかったことで世界記録を更新し続けました。誰もが無理だと言うことも、信じていれば突破できるということを実感できる名言です。

サッカーでも陸上でも、
早熟の選手は
長続きしにくい傾向がある。
僕は、身体的にも精神的にも
一番いい時期に
しっかり結果を出せる
選手になりたい。

佐藤信之
マラソン

スポーツ界では長年、短期的な目標にのみフォーカスし、選手生命を削ってしまうケースが多くありました。しかし佐藤は、一瞬の華だけを咲かせて散るような選手人生を送りたくはないと考え、大学を選ぶときから自分のピークを「27〜8歳」に見据えていました。そしてまさに27歳で迎えた1999年、スペインで行われた世界陸上の男子マラソンで銅メダルを獲得し、翌年のシドニー五輪の切符を手にしたのです。人生を長いスパンで考える習慣は、アスリートに限らず大切にすべきことだと言えるかもしれません。

自分が負ければ
K-1が
負けたことになる。
毎試合、それを背負って
戦ってきた。
今回も変わらない。

武尊
格闘技

K-1のエースと呼ばれるまでに登りつめた武尊の、記念すべきアマ
チュア大会デビューは8月30日。2年ほどでプロデビューを果たし、
K-1 WORLD GPで3階級を制覇するなど、K-1界にその名をとどろ
かせました。この言葉は、2019年の立ち技格闘技の試合前会見で、
ケガから8か月ぶりに復帰戦を迎える心境を問われて発した『スポ
ニチ』(2019年11月23日)でのもの。K-1の顔として背負う気持ち
が見て取れます。宣言通り、復帰戦を勝利で飾った武尊。自分のい
る世界を背負う覚悟を持つ人の言葉は強く響きます。

負けたからと言って、
恥ずべきことは何もない。
ここからが
新しいスタートになる。
次に向けてやるためにも、
顔をあげて帰ろう。

関塚隆

サッカー

ロンドン五輪サッカー日本代表を率いた関塚監督が、試合後のロッカールームで選手たちに投げかけた言葉です。ベスト４まで駒を進めながら、３位決定戦で敗れた選手たちは、メダルを逃した失意でうつむいていました。しかし、ほとんどは21歳以下、サッカー選手としてはまだまだこれからの活躍が期待されます。そんな彼らへのはなむけとして、この言葉を贈ったのです。今日で８月は終わり、また明日からは新しい月、新しい季節の始まり。次へのいいスタートを切るために、心に留めたい言葉です。

不安はあったけど、
いざ飛び込んでみたら
意外に
『案外こんなものか』
と思えた。

田中健太

ホッケー

ホッケー男子日本代表が、アジア選手権初優勝という新たな時代の
扉を開いたのが2018年9月1日。日本代表の中心選手である田中
健太はWeb「d memu スポーツ」(2019年7月2日)のインタビュー
でこう語りました。田中はこの快挙の3か月前、世界最高峰のオラ
ンダリーグへ移籍。公務員という安定した職を捨て、プロホッケー
選手としてスタートを切りました。スター選手に囲まれてプレーす
ることへの不安はあったものの、一歩踏み出してみれば環境に適応
できるということを実感し、技と心を磨いていったのです。

9 / 2

一滴、一滴が
海になる。

アルベルト・ザッケローニ

サッカー

ブラジルW杯3次予選、ホームでの北朝鮮戦（2011年9月2日）の
試合後の会見で、日本代表を率いたザッケローニ監督が母国・イタ
リアの格言を引いて述べた言葉です。1-0で北朝鮮に勝利したチー
ムを表しています。サッカーの試合は誰かひとりや、ある瞬間の1プ
レーではなく、地道な攻撃を1つひとつ重ね、その結果として大き
な1点をもぎ取ることが重要であると示唆しています。この試合の
後も日本代表は勝ち点を積み重ね、最終予選、そしてW杯本選へ
の出場を決めました。

ちゃんと
練習しないと
ダサいな。

木村敬一

パラ競泳

2021年に延期された東京パラリンピックを控え、Web「d menu ス
ポーツ」（2020年8月7日）でこう答えた木村敬一は、18歳のとき
に北京大会に初出場し、その後ロンドン大会で銀メダルと銅メダル
を獲得。4年後のリオデジャネイロ大会での金メダルを目指し、そ
れまでより一層練習するようになったと言います。苦しい練習を課
したひとつの理由は「パラメダリストとしての自覚」でした。リオデ
ジャネイロ大会では、4つのメダルを獲得。自分を奮い立たせ、競技
を代表する自負を持って練習を積んでいるのです。

だれかが
勝利を収めれば、
それ以外の者は
挫折を味わう。

ミハエル・シューマッハ

モータースポーツ

2005年9月のイタリアGP後に『Number』(637号／2005年9月)
で語った言葉です。シーズン6連覇をかけた同シーズンは、イタリア
GP終了時点でタイトル獲得の可能性が消滅。レース後に落胆や怒
りは見せず、「これほど長い間、われわれが頂点に君臨し続けたこと
に対しての驚嘆のほうが大きい」と、淡々と振り返りました。シュー
マッハは、チャンピオン獲得回数とレースごとの優勝回数で歴代1
位を誇る、ドイツ出身の伝説の名レーサー。彼の言葉は、勝利と敗
北がつきものである勝負の本質を改めて感じさせてくれます。

それでもオレは、現役にこだわりまっせ。

世界には、五十代でもパラリンピックで

金メダルを獲っているトップ選手がいる。

（中略）

まだまだ自分はそこまで行ってない。

だから東京パラリンピックも、

それ以降も、トレーニングを続けて

トップ選手として現役でやっていこうと思う。

子どもたちにはその姿を目に焼き付けてほしい。

廣道純
車いす陸上

17歳から車いすレースに参戦し、シドニーパラリンピックから4大会連続で入賞を果たした日本初のプロ車いすランナー、廣道純の書籍『希望をくれた人』での言葉です。バイク事故で脊髄を損傷し、車いす生活を余儀なくされたにもかかわらず、すぐにレースの世界へと飛び込んだ廣道らしく、力強い言葉です。また廣道は、アスリートとしての活動と並行して、メディア出演や講演を行い、障がい者アスリートの価値向上に寄与しています。今日は、そんな彼がパラリンピックで4大会連続入賞をした日なのです。

勝つために
何をするのかに
焦点を合わせる。

村田諒太

ボクシング

ロンドン五輪ボクシング金メダリストの村田諒太は、金メダル獲得後の2012年末、競輪イベントでゲスト出演。「ミスター競輪」と呼ばれる中野浩一（3月14日の名言）とのトークの際、勝つためのコツを聞かれて、「（そんなものが）あれば、僕が教えてほしいです」と答えました。そして次に発したのがこの言葉。相当なプレッシャーの中では、勝とうと思うほど緊張するため、村田は勝つための「準備」に集中することにしていたのです。日本人選手48年ぶりのボクシング金メダルは、こうした意識から生まれたのです。

義足になったことは、

私の障害になるどころか、

むしろ可能性を広げてくれた。

私が歩むべき道へと導いたのは、

この2本の義足だ。

頭を働かせて、

誰も思いつかなかった解決策を

見つけられたのも、義足だったから。

エイミー・パーディ
パラスノーボード、ダンス

ソチパラリンピックのスノーボードクロス銅メダリストであるアメリカのエイミー・パーディは、19歳のとき、病気で両足を切断。その後両足に義足をつけてスノーボードに復帰しました。彼女は2016年の今日、リオデジャネイロパラリンピックの開会式でロボットとのダンスを披露し、多くの人に希望を与えました。一般的には、義足＝ハンディキャップという認識が多数を占めますが、彼女は義足人生を振り返り、それによって自分の可能性は広がったと、著書『義足でダンス』の中で語りました。

レスラー同士の
慰め合い
傷の舐め合いは
するな。

アスカ
女子プロレス

日本の女子トップレスラーのアスカが、米団体WWEとの契約を発表したのがこの日。その5年前、『週刊プロレス』（2010年9月22日号）で発表し、物議を醸したのが、この名言を含む「華名のマニフェスト」でした。女子プロ界からは少なからず反発があったと言います。しかし、プロレス界を背負うという野望を持ち、自主興行など先進的な取り組みを積極的に実施。それは、海外に行くための布石だったのです。徐々に注目度を高めたアスカは、ついに2015年にWWEからオファーを受けました。

体のサイズは関係ない。ハートのサイズが大切なんだ。

アレン・アイバーソン

バスケットボール

アメリカのバスケットボール殿堂では毎年、引退したスーパースターの功績を称えて表彰しています。2016年9月9日に行われた殿堂入り式典で選出されたひとりが、バージニア州出身のアレン・アイバーソン。彼はNBA史上一番小さな得点王と言われるほど、プロバスケットボール選手としては小柄でした。しかし、2mを超える選手たちと渡り合い、シーズン得点王を生涯で4度獲得。その彼が殿堂入り式典で語ったのは「愛と感謝」でした。改めて、ハートの大切さを強く主張したのです。

最強の敵は
自分自身だ！

アベベ・ビキラ

マラソン

1960年9月10日、ローマ五輪のマラソンで金メダルを獲得したエチオピアのアベベ・ビキラ。序盤は、当時としてはかなりのハイペースで入ったことで、周囲の人々は「後半に脱落する」と思っていました。しかし、アベベはほとんどペースを落とさず走り抜き、当時の世界記録を更新。まだ無名だったアベベが、マラソンのセオリーを覆すスピードレースを展開して優勝したことで、世界に衝撃を与えました。母国・エチオピアにとっては初めてのオリンピックメダル。このできごとが長距離王国のはじまりとなりました。

いいことをすると
アメリカ人だと
言ってくれるが、
悪いことをすると
ニグロだと言われる。

トミー・スミス

陸上短距離

トミー・スミスは、1968年メキシコシティ五輪の陸上男子200mで
金メダルを獲得したアメリカの黒人選手。決勝では19秒83の世界
新記録で頂点に立ちました。スミスは、アメリカ国内で深刻な問題
となっていた黒人差別に抗議する意味合いで、五輪の表彰台の上で
黒手袋をした拳を突き上げました。これが問題視され、スミスは除
名処分となりますが、これ以降、黒人選手のパフォーマンスが続出。
「ニグロ」は、黒人を表す学術用語（日常語としては好まれない）。ス
ミスはアスリートとして、社会に一石を投じたのです。

責任だとか重荷だとか、
そんな単語すら
思いつかなかったよ。
当たり前すぎて。

前田日明

プロレス

1984年にUWFという新しいプロレス団体を立ち上げ、代表となっていた前田日明。ムック『プロレス「戦後70年史」』のインタビューで、「当時20代半ばで、アントニオ猪木率いる新日本プロレスに対峙する団体のトップを務めることは重荷ではなかったのか」と問われて前田が答えた言葉です。実際は「必死すぎてわからなかった」というのが本音だと言います。また前田は「人間、そんな弱くないよ」と続けました。プレッシャーや重圧というものを感じる暇がない、必死な時間が、人を成長させるのかもしれません。

人を怒るには
自分もそれ以上に
やって見せなくては
いけない。

高橋みゆき

バレーボール

高橋は2000年代を代表する女子バレーボール選手。アテネ、北京
五輪に出場して、メディアなどにも多く出演し、「シン」という愛称で
親しまれました。170cmでアタッカーとしては小柄な体格でありな
がら、巧みな技術と明るい性格でチームを支えました。高橋は、経
験を重ねるにつれ、ムードメーカー的立ち位置だけでなく、厳しい
姿勢も見せるようになりました。その裏にあるのは、チームを強くす
るという意思。そして2007年9月13日のアジア選手権では、24年
ぶりに日本を優勝に導き、自身もMVPを獲得しました。

自分と峠田さんでつくり上げた
教科書があるんですよ。
その通りプレーできれば勝てる。
でもたまに、その場で書き足そうとしたり、
他人の教科書を読んでしまったりして
失敗することもあります。
自分たちのプレーを信じて
貫けるかが鍵ですね。

高橋和樹

ボッチャ

ボッチャは、重度の脳性まひ、または同程度の四肢機能障がいを持つ人が行うパラスポーツです。どれだけ多くのボールを的に近づけられるかを競います。これは、Web「VICTORY」（2019年8月15日）での言葉です。日本代表として世界選手権で準優勝するなど、実績を重ねる高橋和樹。しかし、彼が2016年のリオデジャネイロパラリンピックで予選敗退を喫したこの日は、彼の言う「他人の教科書」を読んでしまったのかもしれません。その反省を活かし、次のパラリンピックに向け、教科書をアップデートし続けています。

ゲームといえども、
自分を高める努力を
続けていれば、
いつかゲームへの、
そして自分自身への
周囲の見方を
変えることができる。

梅原大吾

eスポーツ

著書『勝ち続ける意志力』で語ったこの言葉からは、ゲームで人生
をつくり上げてきたプライドがうかがえます。近年、eスポーツが広
がりを見せていますが、まだ「ゲームを仕事にする」など考えられな
かった時代から、ゲームの世界で結果を残し続けたのが梅原大吾。
「世界で最も長く賞金を稼いでいるプロゲーマー」として認定されて
いる彼は、周囲から何を言われようと、ゲームを通じて自分を磨き、
鍛錬を積んできたのです。今日9月15日は、彼がさらに2つのギネ
ス記録に認定され、"3冠"を達成した日です。

心は折れるもの。
そこから
どう立ち直るか。

中田久美

バレーボール

選手時代から自他共に厳しい姿勢を貫いてきた中田久美は、女子日本代表監督に就任して以来、常にこの言葉を発してきました。2019年9月のワールドカップでは、メダルを狙いながら12チーム中5位。特に第3戦の韓国戦を落とした日の選手たちの心は折れかけていました。しかしその後、中田の言葉を体現するように、選手たちは奮起し、最後の3連戦で3連勝。なんとか立ち直って大会を終えたのでした。どん底からでも、いかに修正していくかはスポーツでも人生でも大切です。

自分を信じ、
自分のためにやりな！
それがチームのために
なるんだよ。

宇津木妙子

ソフトボール

2000年のシドニー五輪でソフトボール競技が始まったのが9月17日。前回大会ではメダルに届かなかった日本代表は、この日から快進撃を始めました。8チームの総当たりで行う予選リーグは、王者アメリカをも下して全勝で通過。決勝トーナメントで惜しくもアメリカに敗れ銀メダルとなったものの、その実力を世界に示しました。そのときの指揮官が宇津木妙子です。日本選手に多い「日本のために」「チームのために」という思考をあえて変え、「自分のために」プレーする重要性を伝え、それが実績につながっていきました。

一生懸命
練習してきた成果が
これであれば、
仕方がないと、思います。

楢崎教子

柔道

アトランタ五輪で銅メダルを獲得後、結婚して改姓、そして次のシ
ドニー五輪終了後に語ったのがこの言葉です。「仕方がない」という
ものの、結果は銀メダル獲得。下を向く結果ではありませんが、日
本柔道界の金メダルへのこだわりが伝わります。五輪5大会連続メ
ダルを獲得した女子柔道家、谷亮子が「田村」から「谷」に改姓して
出場したのは次のアテネ大会。実は日本柔道界で、初めて「ミセス」
として五輪に出場したのは楢崎でした。前例のないことをやり抜き、
先駆者として歴史をつくりあげたのです。

グッドコーチは
グッドオブザーバー。

エディー・ジョーンズ

ラグビー

「日本ラグビー界の歴史が変わった」と言われる日、2015年9月19日。W杯において、日本代表が格上の南アフリカ代表に逆転勝利を挙げました。ラグビーは特性上、下剋上を起こす可能性が少ないスポーツと言われます。その中での勝利は、スポーツ史上最大の番狂わせとも言われました。そのチームのヘッドコーチを務めたのが、オーストラリア出身のエディー・ジョーンズです。オブザーバーとは「観察者」のこと。メンバーやチーム全体をまずはよく観て、何をすべきかを考えられる人こそ、良いコーチやマネージャーなのです。

この対戦には
女子テニスの
存亡がかかっており、
死んでも負けるわけには
いかないんだ。

ビリー・ジーン・キング

テニス

アメリカのビリー・ジーン・キングが、ここまでの強い言葉を使った
のには、複雑な背景があります。キングは、女子プロテニスの草分
け的存在。女子テニスの試合は男子の添え物としてスタートし、キ
ングの尽力で女子ツアーがつくられました。ただ、ツアーができた
だけでは、世間からは認められません。そんなときに、ウィンブルド
ン選手権を制した実績のある男子選手との対戦が組まれました。3
万人以上が見守った「異性対決」で、キングは完勝し、女子テニス
人気のきっかけとなったのです。1973年9月20日のことでした。

経験した人間が言う
「4年後」って
軽々しい言葉じゃないんですよ。
その言葉が他のみんなから
自然に出てきただけで、
僕が目指してきたものは
間違いじゃなかったって
思わせてくれた。

杉浦正則
野球

杉浦正則は生涯、社会人野球で戦った選手。アマチュアとプロとの
混合チームだったオリンピックの野球競技は、チームの統率が非常
に難しくなっていました。4年に1度脚光を浴びるオリンピックにす
べてを懸けるアマ選手に対し、常に世間から注目されているプロ選
手。そのモチベーションに差があるように感じていたのです。しか
し、シドニー大会では4位に終わったものの、チームの士気がこれ
までで最もまとまり、書籍『平成野球30年の30人』でのこの言葉
のように、杉浦にとって成功と言えるものになりました。

9
/
22

一番よりも、
〝唯一〟という言葉のほうが
僕の人生では
大切な位置を占めてきた。

ノーラン・ライアン

野球

『Number』（323号／1993年9月）のメジャーリーグ総力特集で
語られたアメリカのノーラン・ライアンの哲学です。100マイル（約
160キロ）を超える速球を操り、ノーヒットノーラン7回、通算奪三
振数、実働年数27年など、数々の歴代1位記録を持つライアン。こ
れだけの実績を誇りながらも、彼はナンバーワンになることよりも、
オンリーワンであることに重きを置いていたのです。自分にしかで
きないこと、自分だからできることを極め抜いたノーラン・ライア
ンは、1993年の今日を最後に、マウンドを降りました。

"俺がやる„ というところに 事業の発展がある。

水野利八

スポーツ用品メーカー

水野利八は、スポーツ用品メーカー「ミズノ」の創業者。1906年に会社を立ち上げ、野球用品を中心に幅広いスポーツ用品を手掛け、世界的なメーカーへと成長させました。この言葉は、書籍『スポーツは陸から海から大空へ─水野利八物語』内の水野語録からの抜粋で、「"俺がやる"との心構えで努力しておれば、少々のことには動ずることなく進めることができる」とも語っています。一社員でも、自分が社長であるという気持ちを持って仕事をすれば、自分の担当外の対応も焦らないことを説いています。

すごく洗練された、ピリピリした空気を切り裂いて走っていく、という二度と来ない時間が楽しかった。

高橋尚子

マラソン

シドニー五輪のマラソン競技、高橋尚子が金メダルを獲得したのが2000年のこの日。彼女がトップでゴールテープを切った直後に話した「とても楽しい42キロでした」は、日本人の心に爽やかな感動を届けました。苦しいはずのマラソンレースの後、「楽しい」と語った理由を問われ、書籍『マラソン哲学』の中で説明したのがこの発言。多くの人に親しまれる愛らしい容姿の中に、アスリートとしての精神的な強さやしなやかさを感じさせます。彼女の愛称「Qちゃん」は、この年の流行語大賞にもノミネートされました。

もう歳なのかなとも思いましたし、
辞めたいと思った時期もありました。
でも、自分で辞めたいと思ってるだけで、
本当に辞めるとは思ってないわけですよ。
辞めたいというのは甘えで、
いざ聞かれたら、
やりますって言うに決まってるんです。

山本昌

野球

日本のプロ野球で最も長い実働29年の記録を持つ中日ドラゴンズの山本昌にも、幾度となく引退をよぎる瞬間がありました。それが特に強くなったのが2007年9月25日の巨人戦。5失点KOされ、その後登板の機会なくシーズンを終えることに。通算200勝にあと7勝に迫りながら、マウンドから遠ざかってしまい、翌年未勝利なら引退しようと決めていたと言います。これは書籍『平成野球30年の30人』での言葉。山本は自分自身の苦しさや甘えに打ち勝ち、翌2008年に見事200勝を達成したのです。

今では、こうやろう、
こうやっちゃえというのが
見えてくるようになってきました。
これが経験という
ものなのかな。

谷繁元信

野球

書籍『平成野球 30年の30人』で谷繁元信が記者に向かって語った
言葉です。経験とは、積めば積むほど視野が広がり、効率的に考え
られ、人としての深みは増していきます。それはアスリートだけでな
く、多くの人が実感できることでしょう。2015年のこの日に26年
の現役生活に終止符を打った谷繁元信は、現役生活も終盤に差し
かかったころ、上記の言葉のような感覚を得たと言います。キャッ
チャーとして、常にチーム全体、試合全体の流れを考え続けてきた
谷繁だからこそ言える、説得力のある発言です。

KAPA O PANGO

Taringa whakarongo!

Kia rite!Kia rite!Kia mau!

Hi!

Kia whakawhenua au i ahau!

Hi, aue!Hi!

Ko Aotearoa, e ngunguru nei!

Hi, au!Au!Aue, ha!Hi!

Ko kapa o pango, e ngunguru nei!

Hi, au!Au!Aue, ha!Hi!

I ahaha!

Ka tu te ihi-ihi

Ka tu te wanawana

Ki runga i te rangi, e tu iho nei, tu iho nei, hi!

Ponga ra!

Kapa o pango!Aue, hi!

Ponga ra!

Kapa o pango!Aue, hi!

Ha!

カパ・オ・パンゴ（ハカ）

この世に生を受けたときに戻してくれ
この生命の躍動を地球に返させてくれ
今、ニュージーランドが嵐を呼ぶ
ついにやってきた！
我々の瞬間が！
情熱が燃え上がる！
それが我々オールブラックスだ
ついにやってきた！
我々の瞬間が！
予感が爆発する！
パワーを感じろ
圧倒的な力がわき上がる
力の差を見せつける
頂点を目指して
シルバーファーン！
オールブラックス！
シルバーファーン！
オールブラックス！
アウエ　ヒ！

オールブラックス
ラグビー

ラグビーの常勝軍団、ニュージーランドの
オールブラックスが試合前に披露する舞踊
「ハカ」。ニュージーランドの先住民マオリ
から受け継いだ文化で、1888年にマオリ
代表チームによって試合前に披露された
のがはじまりです。1905年のイギリス、地
元チームを圧倒したニュージーランド代表
を、新聞記者が「全員がバックスのようだ」
（All Backs）と書こうとしたものが、何ら
かのミスで「ALL BLACKS」と記載されて
しまったのが愛称の由来と言われています。

ラグビーだけで自分の夢は完結しない。

福岡堅樹

ラグビー

2019年のこの日にラグビーW杯アイルランド戦で逆転トライを決めた福岡堅樹は、大会を通じて4トライを奪う活躍を見せました。彼はその後、14人制ラグビーから退き、オリンピック種目である7人制で日本代表を目指すだけでなく、次の目標に「医者」を公言した稀有なアスリートです。ラグビーの第一線からの引退を発表し、会見で語ったのがこの言葉。前例がないことでも、周りから何と言われても、自分の決めたことをやり抜き、道を切り拓いていく思いが強く表れています。

大切なのは、
ここまでの過程を、
この先の人生に
どうつなぐかだ。

エリック・ハイデン

スピードスケート

日本のスポーツ界では、先の福岡堅樹のような、引退後にまったく
別の道を行くケースはとても珍しいことです。しかし世界を見渡せ
ば、そのような先例はあるのです。1980年のレークプラシッド冬季
五輪男子スピードスケートにおいて、5種目すべてで金メダルを獲得
したアメリカのエリック・ハイデン。彼は当時医学生でしたが、五輪
での活躍を評価され、TVタレントへの転身を打診されます。しかし、
彼が下した決断は、当初の目標の追求。そしてその後も勉学を続け、
整形外科医となったのです。

夢というのは、
人が物差しで計れる
ものじゃないんだ。
1センチでも5ミリでも
はみ出したものが出てきて
初めて夢になる。

アントニオ猪木

プロレス

今日は、プロレスラーとして人気を博し、政界にも進出するなど
活躍の幅が広いアントニオ猪木のデビューした日。ライバルだっ
たジャイアント馬場のデビューも同じ日でした。これは猪木が、
『Number』（291号／1992年5月）で語った言葉です。「元気があ
れば何でもできる」という合言葉は、一般人がただ言っても流され
てしまうかもしれません。しかし、プロレスという形で自分を表現
し、世間一般からは「はみ出し」続けた猪木が語るからこそ、真実
味が出て、人にエネルギーを分け与えることができるのでしょう。

10
月

一人の選手がメダルを獲ることで、
人々の意識が変わったり、
「やれば自分たちだってできるんだ」と
自信をもってくれるようになる。

鈴木大地
競泳

この言葉は、1988年ソウル五輪の100m背泳ぎで金メダルを獲得
した鈴木大地が、Web「ビズサプリ」のインタビューで答えたもの
です。当時の日本競泳界では「優勝はまず難しい」というのが大方
の予想でした。それを覆しての16年ぶりの金メダルは、「日本競泳
復活」の狼煙を上げる結果となったのです。鈴木は現役引退後の
2015年の今日、スポーツ庁初代長官に就任し、5年間の任期を務
めました。誰かが道を切り開くことで、他の人の希望や勇気になる
ということを感じさせられる言葉です。

本当に必死になってやるとか、

ボールを掻き出すとか、

スライディングでなんとか防ぐとか

というところを選手から引き出したい。

上手い下手ではなく、

必死になってやり、殻を破ってほしい。

木村純一

知的障がい者フットサル

知的障がい者フットサルの日本代表監督・木村純一が、2019年に
行われた国際大会「INASグローバルゲームズ」に向けた合宿中に
Web「パラフォト」(2019年10月2日)のインタビューで発した言葉
です。知的障がい者フットサル日本代表は、4年に1度あるINASグ
ローバルゲームズの2015年大会を機に発足し、2019年に2度目の
出場。選手、監督ともに経験が豊富とは言えない中、合宿では技術
力だけでなく、精神面を鍛え、本大会で結果を出させてやりたいと
いう監督としての思いが込められている言葉です。

一歩を踏み出せるなら、
もう一歩も踏み出せる。

トッド・スキナー

クライミング

1980〜90年代を代表するフリークライマーとして世界中の山々を
制覇したアメリカのトッド・スキナー。フリークライミングは、自分
の体と技術で岩壁を登っていくもので、安全のための確保用具しか
使用せず、常に危険と隣り合わせの環境にあります。世界26か国数
百か所の岩壁をクリアしたスキナーの名言のひとつがこの言葉。危
機的状況や苦しい状況に直面すると、身動きが取れず、踏み出す恐
怖がつきまといますが、1歩踏み出せれば、さらなる1歩を踏み出す
勇気が持てるということをスキナーは知っていたのです。

俺はずっと汚れ仕事を
やらされてきたけど、
そんなこと気にしてねえよ。

デニス・ロッドマン

バスケットボール

NBAで1990年代に大活躍したデニス・ロッドマン。彼はバスケット
ボールにおいて目立つオフェンス（得点）力よりも、ディフェンス力
を買われた選手でした。特に、シュートを外したボールを拾う「リバ
ウンド」の技術はNBA屈指の実力を持ち、7年連続のリバウンド王
となったことで、NBAにおけるディフェンス貢献度の見方に影響を
与えました。ロッドマンは、自ら大量得点を決めていたわけではあ
りませんが、自分の役割を理解し、徹底的に果たすことで、人々の
目が変わることを証明したのです。

結局、俺は定食屋のオヤジだよ。

長州力

プロレス

選手として活躍した1980年代とは打って変わって1990年代、新日本プロレスの現場監督として数々の名勝負を生んだ長州力。現場監督とは、いわゆるマッチメイクをするプロデューサーのような存在で、武藤敬司、橋本真也、蝶野正洋の闘魂三銃士を軸に、プロレス界に一大ムーブメントを起こしました。これは『Number』(1006号／2020年7月)での言葉。素材を生かしたマッチメイクはさながら"定食屋のオヤジ"。最高の逸品は、優れた素材だけでなく、魅力を引き出す料理人の腕があってこそ生まれるのです。

自分が
5打数6安打くらい
打つつもりで
やらなくてはダメだ。

青木宣親

野球

ルーキーイヤーだった2004年の今日、プロ初安打を放ったヤクルトスワローズの青木宣親。翌年レギュラーに定着し、イチロー以来2人目のシーズン200本安打を達成しました。WBC日本代表に選ばれるなど球界の代表選手へと成長した青木は、『Number』（781号／2011年6月）でこう語りました。5打数6安打は矛盾した数字ですが、チームを優勝に導くには、それくらいの気持ちで臨む必要があると青木は考えていました。彼はその後も、NPB歴代通算最高打率を保持するなど、ヒットを打ち続けました。

日本での12年間、

当たり前だと思っていたベストのプレーは、

どれもベストではなかった。

なのに、これがベストだと

脳みそに深く刻みつけられているから、

それを上書きするのは難しかった。

川﨑宗則

野球

2012年に念願のメジャーリーグ移籍を果たした川﨑宗則は、メジャーリーグのレベルをまざまざと感じていました。在籍した5年間を振り返って、書籍『平成野球30年の30人』の中で2016年に語ったのがこの言葉です。日本でのベストをあっさりと更新していくメジャーリーガーのプレーを目の前にしながらも、自分の意識を変える難しさを感じたのでしょう。しかし川﨑は、「でも、だからこそおもしろいんだよね」と続けました。いままで感じたことのない感覚で野球をさらに追求していける環境を、楽しんでいたのです。

今日、
私の夢はおわります。
しかし、私の夢には
続きがあります。

原辰徳

野球

読売ジャイアンツで4番打者として活躍した原辰徳が、15年間の現役生活に終止符を打ったのが、1995年の今日です。この日の試合後に行われた引退セレモニーで、原は「巨人軍の4番打者には何人も侵すことができない聖域があります」と語り、その後にこの言葉を残しました。監督としてチームを率いるようになったのは、このとき語った「夢の続き」だったのかもしれません。そして、甥の菅野智之は、原のこの引退試合を観戦したことをきっかけに野球を始めたと言われています。

優れた勝者になるためには、
時には、優れた敗者になることも
必要なのだと、僕は思う。
2位や敗北に甘んじるというのではなく、
他のドライバーの喜びも
受け入れるという意味でね。

ミカ・ハッキネン
モータースポーツ

ミカ・ハッキネンは1991〜2001年まで活躍したフィンランドのF1
レーサー。「北欧の貴公子」などと呼ばれ、屈指の人気を集めるだけ
でなく、7度の世界チャンピオンとなったミハエル・シューマッハの
「最強のライバル」として、何度もつばぜり合いを演じました。これ
は、ハッキネンが2000年の最終戦でシューマッハに敗れたときに
『Number』(508号／2000年10月)で語った言葉です。どんなと
きでもフェアに戦い、素朴な人柄で愛されたハッキネンらしい言葉
ではないでしょうか。

10 / 10

世界中の秋晴れを
集めたような、
きょうの
東京の青空です。

北出清五郎
アナウンサー

1964年10月10日。日本で初めてのオリンピックが東京で開幕し
ました。開会式が行われた国立競技場の上には真っ青な空があり
ました。このときにNHKのテレビ放送を担当したアナウンサーが北
出清五郎。北出はその空を見上げ、第一声にこの言葉を残しました。
終戦から20年足らず。焼け野原から急速に復興し、過去最多の国
と地域の参加となったオリンピックを開催することができる。その
感慨を込めた言葉だったのではないでしょうか。これ以降2000年
まで、10月10日は「体育の日」として国民の祝日になりました。

走った距離は裏切らない。

野口みずき

マラソン

2004年アテネ五輪女子マラソンで金メダルを獲得した野口みずき。アテネ五輪後にベルリンマラソンで出した2時間19分12秒は、2021年のいまでも日本とアジアの最高記録であり、さらにハーフマラソンでも日本記録を保持しています。さらに野口は、完走したフルマラソンでは9レース中5レースで優勝という強さも持っていました。彼女は150cmの小柄な体で、毎日40キロもの距離を走りこんでいたと言われています。その練習量は、野口の座右の銘であるこの言葉にも象徴されています。

オリンピックの勝負は
7割がメンタルな部分で、
あとの3割が運。
欲をなくして
平常心に戻ること。

三宅義信
重量挙げ

三宅義信は、1956年のメルボルン五輪を見たことをきっかけに重量挙げという競技を知りました。そして大学2年のとき、日本人で初めて世界新記録を樹立します。しかし、優勝候補として臨んだ1960年のローマ五輪では銀メダル。「オリンピックには魔物が棲む」と語りました。その悔しさを胸に三宅は4年後、東京五輪でついに金メダルを獲得。さらに次のメキシコシティ大会で連覇を達成しました。大舞台の経験を無駄にせず、平常心を取り戻したからこそ、自分の能力を発揮できたのです。

先輩に倣って休みを入れていたら、

どんどん走れなくなっていった。

そのとき、茂と

「俺たちはやっぱり練習するしかないよね」

と確認し合った。

素質の高い人は練習しなくても

それなりに走れるけど、素質のない我々は

「とにかく練習するしかないんだ」と気づかされた。

宗猛

マラソン

1970 〜 80年代の日本マラソン界を牽引した双子のマラソンラン
ナー、宗茂と宗猛。その弟である猛は、書籍『マラソン哲学』の中で
こう語っています。練習の量と質のバランスは、どのスポーツでも重
要ですが、宗兄弟は、自分たちのような選手が世界で戦うためには
まず、圧倒的な量が必要であると自覚していました。そして2人は
1984年ロサンゼルス五輪に出場、さらに1985年10月の北京国際
マラソンでは、兄弟同タイムでゴールテープを切る（記録上の優勝
は茂）という世界初の快挙を達成したのです。

指導者に対して
素直な振りをしても
意味がない。
自分自身に対して、
競技に対して、
いかに素直になれるか。

宗茂

マラソン

前ページの宗猛とともにマラソンランナーとしての実力を磨き続け
た双子の兄・宗茂。彼が「勝負の分かれ目」として書籍『マラソン哲
学』で述べたのがこの言葉。「勝った時には指導者をはじめ周囲の
人たちのおかげ、失敗したら自分のせい」とも語っています。つまり、
ただただ指導者の言う通りにして、失敗したら「指導者のせい」にし
てしまうような選手に、それ以上の成長はないということでしょう。
だからこそ宗兄弟は、自分たちの責任で練習を突き詰め、世界レベ
ルの選手となれたのです。

"興味がない"と言っても、
やってみて興味がないのか、
やらないで興味がないと
思っているのかでまた違うので、
一度視野を広げてみると、
新たな目標が
見つけられるんじゃないかな
と思います。

土田真由美
車いすバスケットボール

車いすバスケットボール・女子日本代表の土田真由美は、Web「パラフォト」（2018年8月23日）のインタビューでこう語りました。土田は大学在学中に進行性の股関節の病に侵され、車いす生活を余儀なくされます。さまざまなことを諦めなければならなかった彼女が、そのとき見つけた新たな目標が車いすバスケ。いまでは、生きがいとして競技を行っています。練習環境が限られる中、男子チームの練習に参加したり、海外でも経験を積んだりし、視野を広げれば可能性はあると信じて、土田はパラリンピック出場を目指します。

勝負の世界に、実績は無言の説得力です。

吉田義男

野球

吉田義男は、1950〜60年代のプロ野球で、16年間の選手生活を送り、その後監督としても手腕を振るいました。選手としても監督としても、ほとんどの期間で在籍したのは伝統的チームである阪神タイガース。タイガースは巨人のライバル球団として古くから注目されていますが、2020年までに日本一となったのは1985年だけ。このたった1回です。そのときに監督を務めていたのが吉田でした。ただ、その後成績が低迷したことで解任されてしまいます。生真面目な性格の吉田は、この言葉を残して現場を去りました。

大切なのは
量と継続性なんです。

パク・チソン

サッカー

いまでは日本人が海外のビッグクラブで活躍する例も珍しくなくなりましたが、アジア人としてヨーロッパで最初に輝かしい実績を残した人物のひとりとして名前が挙がるのは、韓国のパク・チソンです。Jリーグでのプレー経験もあるパク・チソンは、韓国代表として2002年日韓W杯でベスト4。マンチェスター・ユナイテッドの一員として、プレミアリーグやチャンピオンズリーグでも優勝を経験しています。「Yahoo!ニュース」(2017年10月17日)のインタビューで、アジア選手の評価を上げる秘訣として、このように語りました。

表彰台の3人の顔は一生忘れない。

市口政光

レスリング

市口政光は、1960年からオリンピックに2度出場したレスリング・グレコローマンスタイル・バンタム級の選手です。関西大学入学当初は、力が突出していたわけではありませんでしたが、みるみるうちに実力をつけ、在学中の1960年ローマ五輪代表に選ばれました。それまでも日本のレスリング競技は、何名もの金メダリストを生んでいたこともあり、市口の目標はもちろん金メダル。しかし、この大会では7位に終わってしまいます。表彰式を見ていた市口は、壇上の3名の顔を胸に刻み、悔しさを次なる大会に燃やしました。

金メダルを獲得するまでは半人前。

市口政光

レスリング

市口はローマ五輪出場後、大学を卒業し、サラリーマンをしながら
競技を続けていました。1962年の世界選手権、アジア選手権で優
勝し、国民の期待も高まります。それでも、市口は「金メダルを獲得
するまでは半人前」と、練習の手を緩めず、1964年の自国開催の東
京五輪を迎えました。足首の捻挫に苦しみながら勝ち進み、ついに
10月19日、悲願の金メダルを獲得したのです。グレコローマンスタ
イルでは日本人初の優勝でした。その後は、指導者の道へ進み、東
海大学教授時代には、柔道の井上康生などの育成にも携わりました。

レスリングが
わからないから続けている。
やればやるだけ
難しい競技です。

伊調馨
レスリング

オリンピックの歴史において、女子個人競技では史上初の4連覇を
達成し、歴史に名を刻んだ伊調馨。日本女子レスリングの第一人者
として、吉田沙保里と並び称される存在です。2016年のこの日は、
五輪4連覇を達成した伊調が国民栄誉賞を受賞した日です。大会
での189連勝、世界選手権で10度の優勝など、「最強」と呼ぶにふ
さわしい伊調の強さの秘訣がこの言葉にあります。キャリアにあぐ
らをかかず、求道者であり続けることが、誰もたどり着いたことのな
い境地へと自分を連れていってくれるのです。

帰ったら
子供の顔を
見られるから、
また次頑張ろう。

吉田愛

セーリング

セーリング日本代表の吉田愛は、3大会連続で五輪出場後、2017年に子どもを出産し、現在は復帰して東京五輪を目指しています。2020年当時で40歳を迎えたベテランは、Web「d menu スポーツ」(2020年6月3日)のインタビューでこう語りました。子育てを機に、「いい意味で諦められるようになった」と言い、すべての時間を競技に捧げていた出産前と違い、レースに出られる喜びを感じながら競技ができ、逆にレースの結果も良くなってきたと言います。オンオフの切り替えの重要性、家族の存在の大きさを感じさせる言葉です。

僕が何かをすることで
僕以外の人たちが
喜んでくれることが
何よりも大事。

イチロー

野球

今日は、日本で9年、メジャーリーグで約18年もの間、第一線で活躍し、数々の記録を残したイチローの誕生日です。この言葉は、メジャーリーグで通算3000本安打を放った後の会見で発したもの。ストイックに自分を律し、1打席1打席にこだわり、ひたすら積み上げてきたイチローの3000本安打達成の瞬間、スタジアムのファンやチームメイトは、スタンディングオベーションで祝福しました。その光景を見たイチローは、この記録が持つ価値とは、自分だけのものではないと感じたのではないでしょうか。

芝は生きている。

中村寅吉

ゴルフ

元プロゴルファー・中村寅吉は、主に戦後の日本ゴルフ界を支えた
人物です。1957年には、日本で初めて開催された国際大会「カナダ・
カップ」に日本代表として出場。世界の強豪を抑えて優勝を果たし
ます。勝因のひとつは、海外選手が苦戦した高麗芝のグリーンを攻
略した中村の技術力でした。「パットの神様」とも呼ばれた中村は、
試合後、この言葉を残したと言います。カナダ・カップの日本開催と
中村らの活躍により、これ以降、日本でのゴルフの普及に拍車がか
かっていきました。

創意工夫し、
自分だけの
ものをつくれ。

釜本邦茂

サッカー

20歳で1964年の東京五輪サッカー日本代表として出場した釜本
邦茂。1968年のこの日、メキシコシティ五輪3位決定戦が行われ、
釜本は日本人初の五輪得点王に輝くとともに、チームの銅メダル獲
得に大きく貢献しました。その後もエースストライカーとして日本
サッカーの礎を築いた釜本は、国際Aマッチで通算75得点の日本
代表最多記録を保持しています。この言葉には、東京五輪で結果
を残せなかった悔しさから、釜本オリジナルテクニックを編み出し、
次の五輪で得点王となった彼の信条が表れています。

勝つ、負けるは
別として
大山空手は
後ろは見せない。

大山倍達
空手

大山倍達（おおやま・ますたつ）は、「極真空手」と呼ばれる空手の
流派を確立しました。1956年に現在の国際空手道連盟「極真会館」
の母体である「大山道場」を設立。「大山道場」からはその後、名だ
たる弟子や名選手を輩出することになります。素手で牛を数十頭倒
したことがあるという逸話も残る大山。この言葉は、空手の技術と
して後ろを見せないということだけでなく、たとえ本意ではない戦
いでも、逃げることは不名誉なことと考える、「格闘家としての大山」
を象徴する言葉となっています。空手の日であるこの日に。

道具は使う人間がいて
初めて役に立つ。
データがあってもそれを分析できて、
選手に伝えられて、
それをグラウンドで生かせるだけの
レベルの高いチームは少ない。

片山宗臣

スポーツデータ分析企業

1995年のプロ野球日本シリーズは、ヤクルトスワローズとオリック
スブルーウェーブの争いとなりました。「ID野球」というコンセプト
で、ヤクルト監督だった野村克也が取った戦略は、データを活用し
て相手の弱点を突くというもの。当時はこれを「卑怯」という人もい
ましたが、データ収集・分析において野村をサポートした株式会社
アソボウズの代表・片山宗臣は、書籍『平成野球30年の30人』の
中でこう語っています。最新の技術も、使いこなす人がいてこそ役
立つ。それを証明した野村ヤクルトは、日本一を勝ち取ったのです。

私が学んだ人生で最も重要な教訓は、
「最後まで挑戦し続けろ」。
シリコンバレーでは、
たとえばテスラはリスクを取っています。
これはあらゆる国で見られることです。
あらゆる国でリスクテイカーは
求められるのです。

フィル・ナイト
スポーツ用品メーカー

世界的スポーツブランドとなった「ナイキ」の創業者、フィル・ナイト。ナイキの創業物語となった著書『SHOE DOG』は、日本でもベストセラーとなりました。ナイキは、日本のオニツカ（現在のアシックス）の靴をアメリカに輸入販売するところから始まっています。そのような経緯もあり、「日本好き」を公言する彼が、日本の若者に対し、「東洋経済オンライン」（2018年9月22日）でこのようにメッセージを送りました。「日本の未来は明るい」と述べるナイトの言葉からは、強いパワーを得ることができます。

思ってたより、

数十倍、数百倍、数千倍しんどいです。

三日間以上ご飯も

食べれてない日が続いてます。

でも負けたくない。

池江璃花子

競泳

2016年、16歳でリオデジャネイロ五輪に出場し、4年後の東京五輪では金メダル候補として期待された池江璃花子。10代で日本記録を次々更新していく泳ぎは、世界中の注目を浴びましたが、2019年2月に白血病が判明し、闘病を余儀なくされました。この言葉は、2019年3月に闘病生活の現状をTwitterで発信したもの。現在は、実戦復帰を果たしている池江が初めて日本記録を更新したW杯東京大会は2015年の今日。そのとき以上の輝きが今後戻ってくることを、彼女自身もファンも待ち望んでいることでしょう。

勝者にしか
歴史は作れないんでね。
敗者じゃ、
美談に終わってしまう。

栗山英樹

野球

栗山英樹監督率いる日本ハムファイターズが日本一を果たしたのが、
2016年のこの日。投打二刀流の大谷翔平を擁して、シーズン中盤か
ら猛烈な追い上げを見せ、そのままリーグ優勝と日本シリーズ制覇
を成し遂げました。栗山は「1番・投手・大谷」のように、ファンを
楽しませる選手起用を行うイメージがありますが、書籍『平成野球
30年の30人』でのこの言葉にあるように、努力が「美談」に終わる
ことを嫌い、徹底的に結果にこだわる指揮官でもありました。勝利
を前提に考えた結果、ファンが楽しめる試合ができあがったのです。

人は世界一の
ごみ収集人になれる。
世界一のモデルにだってなれる。
たとえ何をやろうと、
それが世界一なら何も問題はない。

モハメド・アリ

ボクシング

「蝶のように舞い、蜂のように刺す」という言葉でも有名なボクシング界のレジェンドとも言えるモハメド・アリ。1960年のローマ五輪ライトヘビー級で金メダルを獲得し、プロに転向。1964年には世界ヘビー級王者となりました。アリはその後、ベトナム戦争への徴兵を拒否し王座とプロライセンスをはく奪されてしまいますが、4年後に無罪を勝ち取り、見事チャンピオンを奪還します。「世界一」を志せば、何をしようと誇り高き存在になれるという信念を、ボクシングを通してアリは示したのです。

年齢というのは
自分自身が
つくってしまっている
概念に当てはめられている
部分がある。

山本博

アーチェリー

多くのアスリートは、20〜30代でピークを迎え、40代以降になる
と第一線で活躍することは難しいとされてきました。しかし、41歳
で五輪銀メダルを獲得した山本博は、こう語り、さらにこう続けま
した。「過去の人たちの引退の概念でとらえない方がいい」。トレー
ニングの科学的研究が進み、スポーツ選手の寿命は長くなりつつあ
ります。山本は、過去のデータや既成概念に縛られることなく、自
分の心身と向き合う大切さを説いたのです。山本の誕生日である今
日に、かみしめたい言葉です。

11

月

監督、
申しわけありません。
どうしても
夢を捨てきることが
できません。

松井秀喜

野球

2002年のこの日、松井秀喜はメジャーリーグへの挑戦を表明しました。読売ジャイアンツの4番打者として、チームの顔として活躍してきた「ゴジラ松井」が抜けることは、チームにとっては大きな痛手。そのことは、その年50本のホームランを放つなど自己最高の成績で日本一に大きく貢献していた松井自身も、よく理解していました。しかし、それでも叶えたい夢があったのです。これは『Number』（563号／2002年11月）での言葉。そして、原辰徳監督に自ら「メジャーリーグに行かせてください」と切り出したと言います。

信頼の上にこそ、組織は輝く。

祖母井秀隆

サッカークラブGM

サッカー選手、指導者を経て、JリーグをはじめとするサッカークラブでGM(ゼネラルマネージャー)を歴任した祖母井(うばがい)秀隆。GMとは、組織を統括する経営・マネジメント職であり、サッカークラブでは、チームを強くするために編成や方針を考え、それをもとに手を打っていく役割を担っています。祖母井は、厳しい勝負の世界で結果を出すために、現場の競争意識の醸成から選手の移籍交渉まで、信頼を構築することが重要であると、NHK「プロフェッショナル仕事の流儀」(2008年3月4日)で語りました。

私は、チームや組織は
生命体だと考えている。
生命体であるならば、
常勝チームは絶えず活性化されて
いなければならない。

二宮清純
スポーツジャーナリスト

スポーツジャーナリストとして、多くのメディアに連載や寄稿を行う
二宮清純。この言葉は、国内のメジャースポーツリーグはもちろん、
オリンピック・パラリンピック、サッカーW杯など、多数の競技へ
の取材を行う二宮が感じた、組織に対する考え方です(『潮』2014
年3月号)。「組織は生命体」というのはつまり、組織は動的な存在
であり、更新され続けなければならないということ。結果を出せて
いるからといってそこで動きを止めてしまうことは、すなわち組織の
「死」を意味するということなのです。

俺とかミスターは
現役を終えたら
山に籠もるべきだったんだ。
山口百恵みたいにね。

王貞治

野球

現役中、長嶋茂雄とともに人気を博し、ホームラン868本という世界記録も樹立した王貞治。引退後、監督に就任しますが、初期は成績が振るわず、ファンから生卵を投げつけられることも。歌謡界のスターであり、引退とともに表舞台を去った山口百恵を例に挙げたこの言葉は、ダイエーホークス監督時代の王貞治が、3年連続のシーズンBクラス（4位以下）に沈んだ際に『Number』（441号／1998年3月）で発したものです。王の引退発表日は1980年の今日。山口百恵の芸能界引退から約1か月後のことでした。

全部2番。もちろん、
1番になれたほうが
いいけど、
そのために他が
犠牲になるくらいなら
全部2番がいい。

高橋由伸
野球

高橋由伸は、1998年に読売ジャイアンツに入団し、チームメイト
の松井秀喜と打撃タイトルを争うなど、早々に中心選手となりまし
た。この言葉は、プレイヤーとしての理想像を問われて出てきたも
のです。高橋は、自分を客観視し、どれかひとつがずば抜けてい
るタイプではないと悟ったのです。そして実際、現役時代の高橋は、
ホームラン王や打点王、新人王など、各種タイトルには縁がありま
せんでした。それでも、史上最速の年俸1億円突破や、引退後に監
督を任されるなど、球団内外からの信頼を勝ち得ていたのです。

40本塁打してくれる大砲が
貴重な戦力なら、
送りバントを100パーセント
決めてくれる選手も
大切な戦力だ。

落合博満

野球

現役時代、プロ野球史上唯一の記録となる3度の三冠王に輝いた
落合博満は、プレイヤーとしても監督としても一流でした。2004年
から務めた中日ドラゴンズの監督時代には、8年間すべてAクラス
（上位3チーム）入り、4度のリーグ優勝。その要因は、1人ひとり
の能力を見抜き、適所に配置したことでした。監督就任直後だった
2003年のこの日には、「バントの神様」と呼ばれた読売ジャイアン
ツの川相昌弘をヘッドハント。ホームランバッターだけでなく、一芸
に秀でた選手をいかに大切にしていたかがうかがえます。

夢は
秘めておかないで、
はっきりと
口にしたほうが
いい。

吉田沙保里

レスリング

「霊長類最強」との異名を持つ吉田沙保里。13大会連続世界一で2012年にギネス世界記録に認定され、同年のこの日、国民栄誉賞を受賞しました。吉田の信条は「有言実行」。初めて五輪に出場し金メダルを獲得したアテネ大会の直後に、「4年後の北京で連覇」、北京大会後すぐ「ロンドンで3連覇」と発言し、いずれも宣言通りに達成。夢を公言するには勇気を要しますが、吉田は退路を断つ意味で、積極的に言葉にしていったと、著書『明日へのタックル！』で語りました。有言実行は、楽な道へ流れないための工夫だったのです。

要求されることに応えるのが、
これまでやってきたスタンス。
年齢も重ねてきて、
ボランチでプレーする時期が
来たのかなって思う。

中村俊輔

サッカー

Jリーグ、海外リーグ合わせて20年以上現役生活を送る中村俊
輔。2019年7月にJ1のジュビロ磐田からJ2の横浜FCに移籍する
ことが決まった際、『サッカーマガジン』(2019年11月号)のインタ
ビューでこう語りました。横浜FCで中村は、これまで活躍してきた
トップ下などの前線のポジションではなく、本格的には経験してこ
なかったボランチに配置されました。それを前向きに受け止め、自
分のこだわりよりも、チームで求められることに応えようと試行錯
誤する、ベテランの想いがうかがえる言葉です。

11
/
9

2011年、この東北に
悪夢のような出来事が起こりました。
自分には何ができるのか、
自問自答する日々が続きました。
私には野球がありました。
ボロボロの体を引きずって、
皆さんの前で投げることが、きっと
皆さんの勇気になるんじゃないかと信じて、
2013年楽天に入団を決意して、

皆さんとともに
輝かしい日本一という栄冠を
掴み取ることができました。
あの優勝は復興を目指す
多くの方々とともに踏み出した
大きな一歩になったと信じています。
皆さんからいただいた熱い声援は、
私の魂に変えて、このグラウンドと、
このマウンドに置いていきます。

斎藤隆

野球

これは、2015年に現役を引退した、楽天イーグルス・斎藤隆の引退スピーチです。斎藤は、横浜ベイスターズ時代の1998年には先発投手として、楽天での2013年にはクローザーとして日本一に貢献。引退の決め手となったのは、心技体の限界を感じたことだと言います。宮城県で生まれ、東北高校、東北福祉大学を経て、1991年にドラフト1位でプロ入りし、現役生活は日米合わせて24年間。7チームを渡り歩いた斎藤が、最後の3年間を過ごした地元・東北に向けた、心からの言葉でした。

僕はチームの中で

主役的な選手ではなくなったんですね。

でも「自分の野球はまだ終わらない」

という気持ちが、

今の自分をつくってくれています。

池山隆寛

野球

ヤクルトスワローズで19年間現役生活を送った池山隆寛が、引退前年の2001年に書籍『勇気がもらえる145の言葉』で語った言葉です。1988年から5年連続で30本塁打を達成するなど、豪快なスイングでファンを魅了し、「ブンブン丸」と呼ばれて親しまれた池山。現役晩年は若手の台頭によりレギュラーを譲り、代打での出場がメインとなっていました。そんな中でも、長年スワローズを支えてきた池山は、ムードメーカーとしてチームに貢献。役割を自認しそれに徹する、ベテランの味がにじみ出た一言です。

11 / 11

本当に五輪に向けて
複合をやっていなかったら、
ここまで体も気持ちも
強くなっていなかったなと思う。
3年前の映像を見ると、
「こんなに弱くてW杯とか出ていたのか」
と思うぐらい。

野口啓代

スポーツクライミング

2021年の東京五輪で新種目となるスポーツクライミング。その代表である野口啓代(のぐち・あきよ)は、小学5年生のときにクライミングと出会い、2008年のボルダリングW杯で日本人初優勝を果たしました。東京五輪を最後に引退すると宣言している野口は、「時事ドットコム」(2020年1月10日)で、男子スポーツクライミング選手の楢崎智亜と対談した際、このように語りました。3年前に五輪競技に正式決定したことをモチベーションに成長を続けてきたからこそ、それを自ら肌で感じることができているのです。

他人を
うらやんだり、
妬んだり
しますよね。
そうすると
心が貧しくなる。

岡本綾子

ゴルフ

女子ゴルフ界のパイオニア的存在の岡本綾子は、子どもの頃から
ソフトボールに打ち込んでいました。団体スポーツ特有の人間関
係で嫌な思いをしたことも数知れず、この言葉のように、あまり他
人に関心をもたないように言い聞かせてきたと言います。プロゴル
ファーになると、「アメリカへ行きたい」と発言し批判を浴びますが、
他人を気にするのではなく、自分のやるべき練習をコツコツと重ね、
1975年のこの日に美津濃ゴルフトーナメントで国内初優勝。そして
ついに、1981年にアメリカに渡ったのです。

アメリカ大陸横断駅伝をやろうじゃないか。

金栗四三

マラソン

日本が初めて参加した1912年のストックホルム五輪でマラソン競技に出場した金栗四三。実は、箱根駅伝の生みの親としても開催に尽力しています。この言葉にある「アメリカ大陸横断駅伝」は、世界に通用する実力の選手を育成するために、金栗が考案したもので、その予選会として、箱根駅伝がつくられたのです。わざわざ箱根の山を走るのは、アメリカのロッキー山脈の攻略を意識してのこと。今日は金栗の命日。100年以上前に形づくられた金栗の思想は、いまも失われることなく、脈々と受け継がれています。

〝ベテランがいなくなって
俺たちの時代が来る〟
なんて思っていたら甘いぞ。

ラモス瑠偉

サッカー

ブラジル出身のラモス瑠偉は、1989年に日本に帰化し、1990年代のサッカー日本代表の中心選手として活躍。1993年のJリーグ開幕に立ち会い、日本のサッカーブームを支える人気プレイヤーとなりました。日本代表最年長得点記録をいまも保持し、1998年のこの日に現役ラストゲーム。1993年の〝ドーハの悲劇〟を経験したひとりであり、勝負の厳しさを骨の髄まで理解しているラモスは、日本が強くなるためには、若手の台頭が必要であり、彼らに対し、自らポジションを奪いにいく気概を求めていたのです。

実力がついたら
全力を出そうと思っている人は、
実力がつかない。
実力が今なくても、力の限りの全力を
尽くしきることを続けているから
実力がつくのです。

室伏広治

ハンマー投げ

日本で「ハンマー投げと言えば室伏」と言われるほど、同競技の第一人者である室伏広治。2001年の世界陸上で銀メダル、2004年のアテネ五輪では、投てき種目でアジア人として初めて金メダルを獲得しました（記録上で1位の選手がドーピング違反で失格処分となり、2位の室伏が繰り上げで金メダルに）。室伏は、スポーツに限らず、日本人に足りないのは「全力を出すこと」だと、Web「シリコンバレー地方版」（2012年10月29日）で語りました。恥ずかしがらずに全力を出すことで成長の道が見えることを教えてくれる言葉です。

人間は目標ができると強いんですよ。
自分のいく方向を見つけたとき、
力が集中して大きなエネルギーが働く。
これはスポーツに限りません。
仕事でもなんでもそう。
集中すれば結果は出ます。

室伏重信

ハンマー投げ

前ページの室伏広治の父親である室伏重信は、息子と同じハンマー投げの選手で、日本選手権10連覇、アジア大会5連覇などの偉業を達成し、「アジアの鉄人」と呼ばれました。オリンピックにも4度出場しており、1984年に出した自己ベストは、2021年のいまでも息子の広治にしか破られていない、日本歴代2位の記録となっています。室伏重信が「五輪でメダル」という高い目標を掲げたからこそ、世界と渡りあうことができ、それが息子に引き継がれてアテネ五輪の金メダルにつながったのではないでしょうか。

他の球団が捨てていった選手を、
ウチが〝何か〟を感じとることで、
この選手は宝ですよと拾っていく。
そこにあるのは、
見方の違いなんです。

大渕隆
プロ野球スカウト

日本ハムファイターズのスカウトディレクター、大渕隆。ファイターズのドラフト戦略は、他球団とは一線を画しており、入団した若手が活躍しやすい特徴があります。それを裏で支えているのが、スカウトの「眼」なのです。ファイターズは、見た目や態度が影響して評判が良くなかった高校時代のダルビッシュ有を、2004年のこの日に1位指名。その後日本を代表する選手に成長したのは誰もが知るところです。他球団が捨ててしまうような原石を見抜くことが重要なのだと、大渕は書籍『平成野球30年の30人』で語っています。

試合で
勝ちながら
勝ち方を
覚えていく、
っていうのが
大事。

古田敦也
野球

ヤクルトスワローズの正捕手として一時代を築いた古田敦也。2004年には、再編問題に揺れる球界をプロ野球選手会会長として導き、史上初のストライキを決行。2006年には選手兼監督に就任しました。この言葉は、選手兼監督時代に書籍『勇気がもらえる145の言葉』で語ったもの。数々の役割を務めあげた広い視野とリーダーシップは、入団時の監督・野村克也からの影響。1997年に日本シリーズを制し、MVPも獲得した古田は、野村の教えを体に覚えこませ、チームリーダーに育っていったのです。

コミュニケーションを取ること、自分で発言することがどれだけ大事かということを本当に教えられました。

信澤用秀
ゴールボール

鈴の入ったボールを投げ合い、得点を競うゴールボールは、視覚障がい者が行うパラスポーツ。生まれつき視力がほとんどなかった信澤用秀（のぶさわ・ようしゅう）は、16歳でゴールボールと出会い、日本選手権3連覇やアジア・パシフィック選手権銅メダルなどの実績を誇ります。高校進学当時の信澤は校内暴力を起こすなど荒れていましたが、高校の恩師の存在が彼を変えました。これは、書籍『希望をくれた人』で、日本代表の中心選手となった信澤が当時を振り返って語った言葉です。

前を追いかけても、
全然背中が見えない。
それでも気持ちが
切れない選手が
強いんだ。

大八木弘明

駅伝

箱根駅伝で2000年に初の総合優勝を果たしてから黄金期を迎えた駒澤大学。駅伝監督の大八木弘明は、書籍『人を育てる箱根駅伝の名言』でこのように語っています。大八木は、前を走る選手が見えないからといって諦めてしまうような単なる「速い選手」より、そこから粘れる「強い選手」を育成する方針を取っています。近年は箱根駅伝の順位が伸び悩む時期もありましたが、2021年には劇的な大逆転により、13年ぶりの総合優勝。その指導法はまだまだ錆びついていないことを証明しました。

精神的にも結構、ギリギリの状態で
走っていたと思います。
止まりたいというか、
投げだしたい気持ちですね。
でも、逃げだしたら何も変わらない。
たぶん今後の人生、
すべてにおいて逃げるんだろうな、と。

柏原竜二

駅伝

箱根駅伝の5区において、2年連続で区間新記録を出し、「山の神」
と呼ばれた柏原竜二は、3年目に入り、プレッシャーに押しつぶさ
れそうになっていました。3回目の箱根は、過去2年よりリードを奪
えず、復路で逆転され総合2位。このときの山登りの心中を、ムック
『箱根駅伝100人の証言』で明かした言葉です。この悔しさをバネ
に、柏原は翌年再び区間記録を更新して圧勝しました。人生におい
て経験する苦しい場面で、本当に逃げ出してしまうのか、踏みとど
まるかで、その後の人生は変わるのではないでしょうか。

人前に立つなんて
死ぬほど嫌だった。
でも、選手として素質に
恵まれていると
自分でも感じている以上、
走り続けなければと思ったんです。

ベティ・カスバート

陸上短距離

1956年11月22日は、史上初めて、南半球で開催された"夏季"五輪、メルボルン大会が開幕した日です。この大会では、地元・オーストラリアの18歳、ベティ・カスバートが大活躍。短距離選手として3つの金メダルを獲得しました。カスバートはあまり目立つことを望んでいませんでしたが、素質を生かさなければという覚悟をもって選手生活を全う。44年後、再びオーストラリアで開催された2000年のシドニー五輪では、最終聖火ランナーのひとりに選ばれるなど、オーストラリアの女性アスリートの象徴となっていました。

ここまでくれば
「何が何でも並びたい」
そして「何が何でも抜きたい」と
自らハッパをかけて土俵に上がった。

千代の富士

相撲

1970〜1980年代に数々の偉業を達成した昭和の大横綱、千代の富士が「並びたい」「抜きたい」と話していたのは、1960年代の横綱・大鵬の連勝記録（45連勝）です。1988年11月の九州場所6日目に45連勝を達成して大鵬に並び、翌日7日目、日本中が注目する中、ついに46連勝を達成して記録を更新しました。千代の富士は体重120キロ台の小さな力士と言われており、当時すでに現役晩年。世間からピークは過ぎたと思われていた時期の達成に、その意志の強さを感じます。

どうでもいいなあって
思ってるときは
えらく優しんだから。
きつく言ってる
ときの方が
勝つ気なんだから。

木内幸男

高校野球

木内幸男は、茨城県の取手第二高校や常総学院高校などで半世紀以上の間、高校野球の指導にあたってきた名将です。2020年の今日、人生の幕を下ろした木内の特徴は、猛烈な練習量と鉄拳制裁が黙認されていた、20世紀の高校野球界には異質とも言える、「選手の頭を鍛える」指導を徹底してきたこと。朴訥とした語り口で数多くの名言を残し、「木内マジック」と言われた独特の采配で、監督としての通算成績は甲子園出場27回、優勝3回。プロにも多くの選手を送り出しました。

教えること
なんてできない。
本人にその気がなければ、
何を言っても
同じですから。

工藤公康

野球

1982年のデビューから2010年まで29年間、47歳までプロ野球で
現役生活を送った工藤公康。引退後の2015年からは福岡ソフトバ
ンクホークスの監督を務めており、2020年まですべてリーグ2位
以上と、指導者としての才能も発揮しています。2020年のこの日は、
日本シリーズ4連覇を達成した日。ただ、この言葉は現役時代、ホー
クスから読売ジャイアンツに移籍した際に記者に若手育成につい
て問われて答えたものです。工藤はこのころから、育成や指導の本
質を見抜いていたのかもしれません。

監督は
孤独を
愛さないと
いけない。

星野仙一

野球

星野仙一は、中日ドラゴンズの投手として14年間を過ごし、監督としては、低迷していたドラゴンズ、阪神タイガース、楽天・イーグルスの3チームをいずれも4年以内にリーグ優勝に導きました。星野は楽天イーグルスの監督時代に「スタッフやメディア記者の帯同を断り、常にひとりで歩く理由」を問われて、こう答えています。さらに「選手はいつも背中を見ているから、丸まった背中になったらダメ」と自分を奮い立たせているとも語りました。星野のこの生き様が選手に伝導するからこそ、強いチームができたのではないでしょうか。

監督として
一番いけないのは、
変な先入観を
持つこと
なんですよ。

尾藤公
高校野球

尾藤公（びとう・ただし）は、木内幸男（11月24日の名言）と同じく、長年高校野球監督として手腕を発揮しました。和歌山県・箕島高校で計14回の甲子園出場のうち、4回の優勝。1979年には春夏連覇を達成しています。この言葉は、尾藤の信条のひとつで、「この投手なら安心」「この選手はこの程度」と先入観を持つことでチームのバランスが崩れてしまうことを感じていました。常にチームを客観視する。こういった監督たちの考え方は、スポーツに限らず、組織のマネジメントにおける示唆に富んでいます。

現場に答えはある。

平井伯昌

競泳

平泳ぎで五輪連覇を達成した北島康介などのコーチを務めた平井伯昌(ひらい・のりまさ)。これは、2009年に「指導者として大切にしている信念」として述べた言葉です。指導法の型どおりにやっているだけでは、世界で戦えるような飛びぬけた選手は出てきません。だからこそ平井は、選手の個々の体格や泳ぎの特徴、性格やメンタルの好不調までを丹念に観察し、練習メニューを工夫したり、戦術を考えたりしていました。マニュアルに縛られすぎず、細部まで気を配れているかどうかで、物事の成否は決まってしまうのです。

11 / 29

スポーツは
対話だ。

トーマス・バッハ
国際オリンピック委員会

2013年から国際オリンピック委員会(IOC) の第9代会長を務める
トーマス・バッハは、自身も1976年モントリオール五輪フェンシ
ング・フルーレ団体に西ドイツ代表として出場し、金メダルを獲得。
IOC初の金メダル獲得経験のある会長となりました。この言葉は、
来日時にWeb「プレジデントオンライン」(2013年11月29日) のイ
ンタビューで語ったもの。この後さらに「スポーツは二国間の橋渡
しとなる」と続けました。難しい問題も、スポーツを通して解決でき
る可能性があるとして、スポーツの価値を信じ続けているのです。

人生、先発完投。

村田兆治

野球

この言葉は、「マサカリ投法」という特徴的なフォームから繰り出される速球と鋭い変化球を武器に、1970〜1980年代に活躍した、ロッテオリオンズ（現・千葉ロッテマリーンズ）・村田兆治の座右の銘です。村田はこの言葉を、社会に向けたメッセージとしても掲げ、「人生というマウンドからは、簡単には降板できない。だからこそ、力の限りを尽くして完投してほしい」という思いを込めています。今年も残り1か月。1年の疲れが出やすいこの時期に思い起こし、最後まで投げ抜く力としたい言葉です。

12
月

灰になっても、まだ燃える。

大野均

ラグビー

この言葉は、ラグビー日本代表・大野均のモットーです。2004年に日本代表デビューを果たし、2007年、2011年、2015年のラグビーW杯に出場。192㎝105㎏という恵まれた体格と厳しいトレーニングで鍛えたタフな精神を武器に、日本代表としての出場試合数は歴代トップとなっています。大野は、「自分がしんどいときは相手もしんどい。自分が動けばもっとチームが楽になる」と語り、「For All」の精神を誰よりも体現していたのです。2020年に42歳で引退するまで、その情熱で走りぬきました。

基本である1、2、3を
きちんと練習しないで、
いきなり4とか5を
やるんだな。

ジャイアント馬場

プロレス

ジャイアント馬場は、日本プロレス史上最大の209㎝135㎏という
体格を生かし、全日本プロレスのトップに君臨するレスラーとなりま
した。1974年の今日には、日本人初のNWA世界ヘビー級王座を獲
得。馬場は外国人レスラーと対戦することも多く、日本人との違い
を肌で感じていました。その違いとは、外国人選手は攻撃は強く優
れているのに、受け身が脆いということ。それを暗に示したのがこ
の言葉でした。60歳まで現役を続けるという偉業を達成した馬場
だからこそ、格別な説得力を持つ言葉です。

その準備をすれば
勝てるなら、
それをやろう。
たとえ、つらくても。

藤田敦史

マラソン

2000年12月3日に行なわれた福岡国際マラソンで、シドニー五輪
金メダリストなどを破り、初優勝した藤田敦史。その走りの特徴は、
最後の5キロで一気にペースを上げるというもの。レース終盤の一
番苦しい局面でペースを上げる戦略を取ったのは、「最後のトラック
勝負で戦えるような瞬発的なスピードがない」という自分の特性を
理解していたからでした。自分の弱みを知っていたからこそ、それを
補い、生かす練習を積むことができ、結果として、2時間6分51秒
という日本記録(当時)を打ち立てられたのです。

ホント、私、よく頑張ったと思います。

竹下佳江

バレーボール

これは女子バレーボール日本代表の竹下佳江が、2012年ロンドン五輪で28年ぶりの銅メダルを獲得した後に発した言葉です。この大会を最後に引退した竹下は、これに続けて、「いいことよりも苦しいことの方が多かった」と語っています。日本が史上初めて、2000年のシドニー五輪出場を逃した際には、身長160㎝に満たないレギュラーセッターの竹下に批判が集中。しかしそこから、スピード感のあるトスワークを磨き上げ、「世界最強・最小セッター」との異名を持つまでに。そして最後には、きっちりと結果も出したのです。

最後の
箱根メンバーに
自分の名前がなくて、
正直、
すごくほっとした。

尾方剛

マラソン

これは、山梨学院大学4年だった尾方剛が、箱根駅伝直前のメンバー発表時に抱いた思いです（書籍『増補版 箱根駅伝』）。2年時に10区を快走し、優勝のゴールテープを切った尾方には、その後プレッシャーやストレスが襲いかかり、全身脱毛症などの症状として表れました。しかし、箱根を走らないことが決まったこのときを境に、症状は改善。潰れることを逃れた尾方は、実業団に進んでからも陸上を続け、2004年のこの日には、福岡国際マラソンで初優勝を果たしました。いまでは、指導者としても陸上に関わり続けています。

何事も強い者を中心に
物事が成り立つ
世の中の仕組みを
変えたかった。

中山竹通

マラソン

前ページの尾方剛から遡ること17年。1987年12月6日に行われた福岡国際マラソンで、中山竹通は2位に2分以上の大差をつけて優勝しました。この年は10000mでも日本新記録（当時）をマーク。中山の原動力となったのは、瀬古利彦という、当時の日本マラソン界をリードしたエリートランナーの存在でした。決して恵まれていると言えない環境で若き日の競技生活を送った中山は、「強くない者でも考え方によっては勝てることを証明したかった」と書籍『マラソン哲学』で語り、無謀とも思える練習と戦略で突き進んだのです。

弱いから負けた。

篠原信一

柔道

これは、2000年のシドニー五輪柔道男子100キロ超級決勝で敗れ、銀メダルとなった篠原信一が試合後に発した言葉です。この決勝では、篠原の技が決まったにもかかわらず、相手選手にポイントが入るという、「世紀の誤審」と言われる判定が起こり、物議を醸しました。山下泰裕監督などが抗議するも判定は覆らず、無情の銀メダル。このとき、篠原自身は一切抗議せず、この言葉だけを残して畳を去りました。このときの想いをのちに、「気持ちを切り替えて相手を投げようと思えなかった自分の弱さ」だと述べました。

誤審を招いた俺が悪い。

大鵬

相撲

相撲の世界でも、誤審によって勝敗が左右されることがあります。1960年代に人気力士として黄金時代を築いた横綱・大鵬は、1969年、戦前に活躍した双葉山に次ぐ45連勝を記録。この連勝記録が途絶えたのは1969年の3月場所2日目でした。押し出しで大鵬が敗れたとの判定がされましたが、テレビでは相手の足が先に出ていたことが確認されました。それでも大鵬は、この言葉を述べたのみ。この潔い発言で、ますます大鵬人気を高めることになりました。これをきっかけに、大相撲でもビデオ判定が導入されました。

私が反発すれば
しっぺ返しがあったが、
自分から合わせれば
自然は優しく
迎えてくれた。

重由美子

セーリング

重由美子は、1996年アトランタ五輪セーリングで日本初のメダル
を獲得しました。重は1992年バルセロナ五輪にも出場しました
が、表彰台には届かず、「メダルという化け物を追って自分を見失っ
た。自然と向き合い、風を追わなくてはならない」と語りました。こ
の反省を生かした結果の銀メダル獲得を振り返り、Web「時事ドッ
トコム」（2020年5月16日）でこう述べたのです。重は2018年の今
日、53歳の若さでこの世を去りましたが、重の教え子が、2021年の
東京五輪に出場予定で、活躍が期待されています。

人生もスポーツも、
達人の域に達すると
美しさが出るものだ。

南部忠平
走り幅跳び、三段跳び

これは著書『南部忠平自伝』に記された言葉で、1932年のロサン
ゼルス五輪三段跳びで金メダル、走り幅跳びで銅メダルを獲得した
南部忠平の人生哲学とも言える言葉です。ロサンゼルス五輪の三段
跳びは、前回大会で日本初の五輪金メダルを獲得していた織田幹雄
（7月22日の名言）の代役として出場しながら、当時の世界新記録
を打ち立てての金メダルという偉業を達成。しかし南部は、あくま
でも本職は走り幅跳びと考えており、1931年に記録した7m98㎝
は40年近く破られない日本記録となりました。

理想のサッカーがある。
でも、そのためには
負けてもいいというほど
ロマンチストじゃ
ありません。

岡田武史

サッカー

スポーツでは、ロマンを追い求めるか、勝負に徹するかという選択を求められることがあります。両方を実現することがベストですが、ときにどちらかを優先すべき局面も訪れます。岡田武史は、2004年のこの日、横浜F・マリノスの監督として浦和レッズを制し、Jリーグ連覇を達成。岡田が考える「理想のサッカー」と「浦和対策」との矛盾はないと言い切り、『Number』（618号／2004年12月）でこう述べました。のちに日本代表監督として、W杯の決勝トーナメントに導く岡田のプライドがうかがえる言葉です。

骨の髄まで鍛えられた。そこにオリンピックの価値がある。

石川佳純

卓球

近年の女子卓球界は、次々と若手選手が台頭しています。石川佳純は、ロンドン五輪とリオデジャネイロ五輪で2大会連続団体メダルを獲得。2020年に予定されていた東京五輪をかけた戦いで、「初めて卓球をやめようかと思った」と語るほど苦しい代表争いを乗り越え、2019年の今日、3大会連続の五輪出場を勝ち取ります。その後Web「アスリート×ことば」（2020年4月24日）で話したのがこの言葉。4年に1度の大舞台は、他の世界大会とは違う重みがあることを、石川は誰よりも知っているのです。

やっぱり
反骨精神があって、
長距離には
負けたくない。

伊東浩司

陸上短距離

伊東浩司は、1998年のこの日、陸上男子100mの日本記録（当時）
「10.00秒」を打ち立てました。この記録は、2017年に桐生祥秀に破
られるまで19年もの間破られず、日本人における「10秒の壁」とし
て立ちはだかりました。当時は短距離に比べ、マラソンの注目度が
高く、陸連の選手に対する待遇などにも開きがありました。その状
況を打破したいと願った伊東は、反骨精神を生かして好記録を連発。
この反骨精神があったからこそ、伊東は世界に通用するランナーと
なり、日本短距離界のエースとなれたのでしょう。

若くして
流さぬ汗は、
年老いて涙となる。

中村清
マラソン

1930年代に早稲田大学の選手として箱根駅伝で活躍し、戦後は指導者として母校を率いた中村清。陸上で日本を活気づけようと、貧しい食糧難の時代にも、収入の大半を選手育成につぎ込みました。箱根駅伝をはじめとする大会に有力選手を次々と送り込んだ中村は、この言葉以外にも「マラソンは芸術です」「天才は有限、努力は無限」などの名言を残しています。独特の指導方法から、精神主義的と批判されることもありましたが、その情熱と確かな指導力で、長距離の歴史を築いていきました。

理不尽なことがあっても
この人についていこう。
ついて行かなかったら、
あとはつぶれるだけ。
それがわかっていたから、
19歳の決心は固かった。

瀬古利彦

マラソン

前ページの中村清に教えを乞うたのが、のちに世界的ランナーとな
る19歳の瀬古利彦でした。中距離選手だった瀬古は中村にマラソ
ンを勧められ、大学進学後に種目を転向。そのときに瀬古は「この
人についていけば世界一になれる」と直感していました。そこから
二人三脚の日々が始まり、中村は、教え子である瀬古の大学卒業と
ともに実業団のエスビー食品に移籍するという熱の入れようでした。
その結果、瀬古はフルマラソンで15戦中10勝という高い勝率を誇
り、3大会連続で五輪代表にも選ばれたのです。

「何で選手は左（三塁）に走らないの？」と疑問を口にするほど全く野球に興味がない若い女性まで来てくれるようになりました。私がやりたかったのは、野球ビジネスをスポーツエンターテインメントビジネスに変えることだったんです。

池田純
元プロ野球球団社長

35歳でプロ野球の横浜DeNAベイスターズの球団社長となった池田純は、従来の球団経営とは異なる方法で立て直しを図りました。その試みは、批判も受けましたが、「AbemaTV」（2019年11月28日）の番組で語ったこの言葉に、池田の想いが込められています。池田は、他のスポーツの事例も幅広くリサーチし、見せ方や飲食物など細部にこだわり、プロ野球をエンターテインメントとして再構築。その結果、若い世代の来場が急増し、経営上も5年間で年25億円もの赤字を解消。球団再建に成功したのです。

楽しさを極めた上で
金メダルを取った
スケーターの方が
かっこいいと思うし、
リスペクトされる。

堀米雄斗

スケートボード

東京 2020 の新競技、スケートボード。6 歳で競技を始めた堀米雄
斗は、日本チャンピオンを経て 2016 年に本場・アメリカに拠点を
移しました。スケートボードは「かっこよさ」「スタイリッシュさ」な
ども採点基準になるストリートスポーツ。Web「VICTORY」(2019 年
7 月 17 日) のインタビューで、大会(コンテスト) への思いを問われ
て堀米はこう答え、「楽しさ 80%、勝ちにいく 20%」と続けました。
勝敗に執着しすぎず、「自己表現としてのパフォーマンス」をするこ
とが、スケートボーダーには根付いているのでしょう。

正直、試練を乗り越えた感覚
というのはありません。
もともとスポーツが好きで、
怪我した時のリハビリも
スポーツ感覚でやれていました。
だから、あまり苦と
感じたことがないんです。

菅野浩二
車いすテニス

高校1年のとき、バイク事故で頚椎を損傷し、首から下に障がいを
負った菅野浩二。数年後、車いすテニスと出会いますが、当初は趣
味感覚。本気でやるとは思っていなかったと言います。しかし、「ク
アード」というカテゴリーに転向後、パラリンピックを目指すほどの
レベルになり、東京2020を目指すことに。Web「VICTORY」（2019
年11月29日）でのこの言葉にあるように、菅野は、事故で障がい
を負ったことに対して苦悩や挫折感はなく、ただスポーツを楽しん
でいます。パラアスリートのあり方も多種多様なのです。

笑顔というツールは欠かせない。

瀬立モニカ

パラカヌー

2016年、リオデジャネイロパラリンピックのカヌーにおいて、18歳で8位入賞し、2021年の東京大会代表にも内定している瀬立(せりゅう)モニカ。彼女は、高校1年時の事故で障がいを負う前からカヌーに親しみ、国体を目指すほどの選手でした。1年のリハビリを経て、パラカヌーに復帰。2年でパラリンピック出場を果たしました。この言葉は、Web「アスリート×ことば」(2020年4月20日)で語られた瀬立のモットーであり、「笑顔は副作用のない薬」という母からの言葉がベースになっているそうです。

どんな冒険も生きて帰らなければ。

植村直己

登山

植村直己は、1970年に日本人初のエベレスト登頂者となるなど、冒険の道を突き進みました。これは、講演会などでよく口にしていた言葉。1984年4月には、世界五大陸最高峰登頂などの功を称えられ、国民栄誉賞を贈られています。しかし、この2か月前に植村は、世界初のマッキンリー冬期単独登頂を果たしたと無線連絡をした直後、下山中に消息を絶ちました。そして同年の今日、死亡認定。生きて帰ることが大前提という自身の発言を、最後の最後は遂行することができなかったのです。

落ちこぼれて最高峰登頂。

野口健

登山

1999年の5月、史上最年少の25歳で七大陸最高峰登頂を達成した野口健。エネルギーを持て余していた少年時代、暴力行為で高校を停学中、植村直己（前ページ）の著書『青春を山に賭けて』と出会いました。植村の生き様に感銘を受けた野口は、「落ちこぼれていた自分の存在意義を確かめる手段」として、登山の道を志したのです。最年少記録はのちに更新されますが、その後環境保護に関心を寄せ、NPO法人を設立して富士山やエベレストの清掃活動を行うなど、落ちこぼれから社会貢献活動を率いるまでになっています。

馬の調教は
貯金に似ている。
たくさんある時に
ごそっと
入れてもダメだ。

藤沢和雄
競馬調教師

競馬のスターと言えば騎手ですが、競走馬を育てる調教師の存在
も重要です。競馬調教師の藤沢和雄は、NHK「プロフェッショナル
仕事の流儀」（2007年5月15日）で自らの信念をこう語りました。
JRA賞最多勝利調教師11度、2020年には史上2人目のJRA通算
1500勝を達成した藤沢。馬に無理をさせない「馬なり調教」を心が
け、少負荷の運動を毎日続けるという、手間のかかる作業を地道に
行い、結果を残してきました。一足飛びに結果を求めるのではなく、
小さなことを積み重ねることの重要性を教えてくれます。

俺はラクして
勝てと言うんだ。
苦労して勝つな、
笑って結果を出せ。

落合博満

野球

『Number』（169号／1987年4月）で、ロッテオリオンズ（現・千葉
ロッテマリーンズ）から中日ドラゴンズに移籍したばかりの落合博
満が語った言葉です。この「ラクして勝つ」とは、がむしゃらに体を
動かす前に、「どうしたら結果が出るかを自分の頭で考えるべきだ」
ということ。プロ野球史上唯一の3度目の三冠王を獲得し、絶頂期
を迎えた1986年の今日、落合は中日に移籍。その後日本人初の1
億円プレーヤーとなりました。圧倒的な結果を残した選手が言うか
らこそ、「笑って結果を出す」という言葉の深みが感じられます。

次、生まれ変わったら
こうしたい、
とか言う人がおるけど、
次はないよ。

辰吉丈一郎

ボクシング

1991年に当時の最短記録である8戦目でWBC世界バンタム級王者となった辰吉丈一郎は、その後、左目の網膜剥離に襲われました。引退の危機に見舞われた辰吉でしたが、現役続行の道を模索し続け、約5年後に王座返り咲き。2度の防衛の後、KO負けで陥落し、またも引退をささやかれます。しかし本人はあくまで現役にこだわり、周囲の反対を押し切ってリングを目指し続けました。人生は一度きりであることを、辰吉は誰よりも実感しているのでしょう。そろそろ1年を振り返りたいこの時期に。

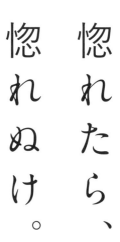

惚れたら、惚れぬけ。

苑田聡彦

プロ野球スカウト

14年間のプロ野球選手を経て、スカウトに転身した広島東洋カープの苑田聡彦(そのだ・としひこ)。苑田のスカウティングスタイルがこの言葉。NHK「プロフェッショナル仕事の流儀」(2017年12月25日)で語ったスカウトとしてのこだわりは、「とことん練習に見に行く」こと。地道に足を使って見に行き、無名の選手にも目をつけ、通い続ける。この手法で、のちのエースとなる黒田博樹を獲得。「神様はいますよ、絶対に」と語ります。スカウティングに人並外れた情熱を持つ苑田の言葉だからこそ、説得力があります。

12 / 26

お前らが休んでいるとき、俺は練習している。

お前らが寝ているとき、俺は練習している。

お前らが練習しているときは、当然俺も練習している。

フロイド・メイウェザー・ジュニア

ボクシング

アトランタ五輪に出場し、プロ転向後50戦50勝、史上初の無敗での5階級制覇という偉業を成し遂げたフロイド・メイウェザー・ジュニア。ファイトマネーはスポーツ選手長者番付で3度の1位を取るほどで、特に2015年には3億ドルを稼ぎ、スポーツ選手の歴代最高年収を更新しました。そのため、「金の亡者」と言われることも少なくないメイウェザーですが、圧倒的なパフォーマンスを誇り、凄まじい実績を残せた背景には、高い才能に加え、この言葉のような圧倒的な練習量があったのです。

壁の先には壁しかないのかな。

羽生結弦

フィギュアスケート

2014年ソチ五輪で日本男子初の金メダルを獲得し、翌年に世界最高得点を記録するなど、10代後半から20代前半の間で、世界に名を残すスケーターとなった羽生結弦。この言葉は、2014年にグランプリファイナルと全日本選手権を連勝した後にインタビューで語ったもの。何度優勝してもさらなる高みを目指す姿勢に、羽生の強さがあるのでしょう。その後羽生は、2018年の平昌五輪でも、直前のケガを乗り越えて2大会連続の金メダルを獲得。謙虚さや貪欲さがあるからこそ、留まることのない成長ができるのです。

よく、時間が解決してくれる
というけれど、そうは思わない。
でも、行動した時間なら
解決してくれるはずだ。

松岡修造

テニス

「熱い男」として知られる松岡修造。その情熱を生かし、現役引退後、スポーツキャスターとしても活躍しています。松岡は実業家家系の裕福な家庭で育ちました。しかし、高校2年のとき、自分自身を鍛え直すために、慶應高校からあえてテニスの強豪校に転校。さらに、有名コーチの指導を受けるために高校を中退して渡米し、プロデビューしました。環境に甘えない行動力があったからこそ、ウィンブルドンベスト8など、日本テニス界にとって歴史的な成果を挙げることができたのです。

チャンピオンになるには、

実力と同時に、運も必要。

すべての条件が揃ったときに、

チャンピオンが

生まれるのだと思う。

荒川静香

フィギュアスケート

2006年トリノ五輪女子フィギュアスケートで、アジア人初の金メダルを獲得した荒川静香。10代選手が台頭する中で、当時24歳の荒川は、五輪女子フィギュア史上最年長の金メダリストとなりました。この言葉は、記者会見で「将来、浅田真央(当時15歳)がチャンピオンになれると思うか」と聞かれて答えたものです。あらゆる物事にはタイミングがある。勢いではない、成熟した年齢でチャンピオンとなった荒川の大人な思考が垣間見える言葉です。今日は、そんな彼女の誕生日です。

これまでの自分の
輝かしいものは
20世紀に置いてくる。
21世紀は
またゼロからの
スタートです。

松井秀喜

野球

これは、書籍『勇気がもらえる145の言葉』で松井秀喜が語った言葉です。2000年の松井は、開幕から全試合で4番打者を務め、ホームラン王、打点王、シーズンMVP、日本シリーズMVPなど自己最高の成績を残し、チームの日本一に大きく貢献。オフには、当時の球界最高額の年俸で契約しました。日本の頂点に登りつめたともいえる松井が、次の年に向け、「すべて置いてくる」という心持ちを明かしたのです。過去の栄光にすがっては戦えないということを教えてくれる言葉です。

スタートの時点で、本当は、結果がほとんどわかるんです。

有森裕子

マラソン

2大会連続で五輪メダルを獲得した有森裕子は、とてつもない練習量を積んだことで知られています。2大会連続メダル獲得は日本女子陸上界唯一。特に2大会目のアトランタ五輪に向けては、想像を絶する重圧との闘いがありました。それに押しつぶされることなく、自分のレースをやり切れたのは、毎日の積み重ねがあったからこそ。積み重ねへの信頼があれば、スタートラインに立った時点で、どういう結果になるかがわかるのです。新しい年のスタートを前に、改めて毎日の積み重ねについて考えてみてはいかがでしょうか。

索引

あ

参考資料

書籍

『101個の金メダル—オリンピックにおけるニッポンの活躍』トランスフォーマー、2000/9/1 ／『20世紀名言集 スポーツマン篇』ビジネス心理研究所、情報センター出版局、2000/8/1 ／『明日へのタックル!』吉田沙保里、集英社、2015/1/26 ／『あの一言はすごかった!スポーツ編』後藤忠弘、中経出版、2002/12/1 ／『生きる力がわいてくる名言・座右の銘1500』永岡書店、2011/8/18 ／『一流コーチのコトバ』松瀬学、プレジデント社、2014/3/13 ／『欧米スポーツ名言名句1200』バリー・リドル、北星堂書店、1991/4/1 ／『オリンピック栄光とその影に～アムステルダム大会から東京大会まで～』三上孝道、昭和館、2008/2/23／『甲子夜話』松浦静山、平凡社、1977/4/1 ／『勝ち続ける意志力 世界一プロ・ゲーマーの「仕事術」』梅原大吾、小学館、2012/4/7 ／『義足でダンス ～両足切断から始まった人生の旅～』エイミー・パーディ、辰巳出版、2018/3/16／『希望をくれた人 - パラアスリートの背中を押したプロフェッショナル -』宮崎恵理、協同医書出版社、2016/7/25 ／『近代スポーツの実像』中村敏雄、創文企画、2007/10/1 ／『近代武道の系譜』大道等・頼住一昭、杏林書院、2003/7/1 ／『高校野球を変えた男 原貢のケンカ野球一代』松下茂典、マガジンハウス、2014/10/9 ／『人生の糧となるアスリート100人の言魂—勝つための真理がわかる五輪の言葉 勝言〈VOL.2〉』アスリート言魂研究会、笠倉出版社、2012/4/1 ／『人生の励みになるアスリートたちの言葉 勝言』アスリート勝言研究会、笠倉出版社、2011/12/22 ／『スポーツは陸から海から大空へ—水野利八物語』ベースボール・マガジン社、1974/1/1 ／『増補版 - 箱根駅伝 - 世界へ駆ける夢』読売新聞運動部、中央公論新社、2016/11/8 ／『超訳 宮本武蔵語録』齋藤孝、キノブックス、2016/4/16 ／『錦織圭—マイケルチャンに学んだ勝者の思考—』児玉光雄、サンクチュアリ出版、2014/12/12 ／『日本剣豪秘史 武士道・日本剣道の源流をたどる』渡辺誠、洋泉社、2013/10/24 ／『人を育てる箱根駅伝の名言』生島淳、ベースボール・マガジン社、2012/12/1 ／『平成野球 30年の30人』石田雄太、文藝春秋、2019/4/18 ／『マラソン哲学～日本のレジェンド12人の提言～』陸上競技社、講談社、2015/2/20 ／『名言珍言108選 トッ

プアスリート編』手束仁、日刊スポーツ出版社、2015/2/2 ／『メダリストに学ぶ 前人未到の結果を出す力』松原孝臣、クロスメディア・パブリッシング、2016/7/19 ／『勇気がもらえる145の言葉』テレビ朝日「Get Sports」、講談社、2010/4/1

雑 誌 ・ ム ッ ク

『an・an』マガジンハウス、2014/7/23 ／『FLASH』光文社、2018/8/14 ／『Sports Graphic Number』文藝春秋、103号 (1984/7/5)、149号 (1986/6/5)、169号 (1987/4/4)、193号 (1988/4/1)、249号 (1990/8/6)、261号 (1991/2/5)、291号 (1992/5/6)、323号 (1993/9/6)、357号 (1995/1/6)、420号 (1997/6/5)、441号 (1998/3/26)、450号 (1998/7/30)、474号 (1999/7/1)、488号 (2000/1/13)、492号 (2000/3/9)、508号 (2000/10/19)、512号 (2000/12/14)、553号 (2002/7/4)、563号 (2002/11/21)、618号 (2004/12/23)、622号 (2005/2/24)、630号 (2005/6/16)、632号 (2005/7/14)、637号 (2005/9/22)、648号 (2006/3/2)、719号 (2008/12/25)、735号 (2009/8/20)、742号 (2009/11/26)、753号 (2010/4/30)、781号 (2011/6/23)、787号 (2011/9/15)、803号 (2012/5/10)、805号 (2012/6/7)、808号 (2012/7/19)、822号 (2013/2/7)、Do 2013 Summer (2013/7/18)、858号 (2014/7/31)、883号 (2015/7/30)、925号 (2017/4/13)、996号 (2020/1/30)、1006号 (2020/7/2) ／『潮』潮出版社、2014/3 ／『月刊サッカーマガジン』ベースボール・マガジン社、2019/11 ／『週刊朝日』朝日新聞出版、2010/2/12 ／『週刊サッカーマガジン増刊 ロンドン五輪総集編』ベースボール・マガジン社、2012/8/17 ／『週刊プロレス』ベースボール・マガジン社、2010/9/22 ／『致知』致知出版社、2004/6、2013/5 ／『日経おとなのOFF』日経BP、2012/8 ／『箱根駅伝100人の証言』ベースボール・マガジン社、2013/12/2 ／『パラスポーツマガジン Vol.6』実業之日本社、2019/10/31 ／『プロレス「戦後70年史」』ベースボール・マガジン社、2015/7/29 ／『ベンチャー通信 10号』イシン株式会社、2004/6

新 聞

「朝日新聞」2007/7/2 ／「Web東奥」2020/4/29 ／「愛媛新聞ONLINE」2020/5/13 ／「神

戸新聞NEXT」2019/7/14、2020/5/11 ／「スポニチ」2020/7/13、2019/11/23 ／「中日新聞ほっとWeb」2014/1/22 ／「東スポWeb」2020/9/1 ／「日刊スポーツ」2015/7/16、2018/8/13、2019/1/1、2019/11/6、2020/6/11、2020/8/24 ／「宮崎日日新聞」2019/1/4

テ レ ビ

「POWERフレーズ」日本テレビ、2020/3/29、2020/6/14、2019/7/14 ／「母と娘の金メダル 〜吉田沙保里、幸代〜」2019/3/16 ／「プロフェッショナル 仕事の流儀」NHK、第51回（2007/5/15）、第80回（2008/3/4）、第246回（2014/11/24）、第323回（2017/5/1）、第345回（2017/12/25）

Ｗ ｅ ｂ

「d menuスポーツ」2019/7/2、2020/3/11、2020/3/27、2020/3/30、2020/4/8、2020/6/3、2020/6/24、2020/8/7 ／「Full-Count」2016/8/8 ／「gorin.jp」 ／「New Zealand Rugby」 ／「note」MIURAチャンネル、2020/5/6 ／「Rallys」2020/2/29 ／「VICTORY」2018/7/28、2019/1/18、2019/6/26、2019/7/17、2019/8/15、2019/10/2、2019/10/30、2019/11/14、2019/11/29、2019/12/16、2020/7/16 ／「Yahoo!ニュース」2015/9/1、2017/10/17 ／「合気道養神会」 ／「アスリート×ことば」2020/4/13、2020/4/20、2020/4/24、2020/5/29、2020/6/30、2020/7/13、2020/8/18、2020/9/24 ／「講道館」 ／「笹川スポーツ財団」 ／「サッカーダイジェストWeb」2020/8/23 ／「時事ドットコム」2010/2/26、2012/8/24、2014/6/30、2015/3/25、2015/12/7、2017/4/12、2017/5/28、2019/1/30、2019/5/22、2019/10/4、2020/1/10、2020/5/16、2020/7/23、2020/7/30 ／「シリコンバレー地方版」2012/10/29 ／「スポーツナビ」2014/10/1 ／「東洋経済オンライン」2018/9/22 ／「日本オリンピック委員会」 ／「パラフォト」2016/5/29、2018/3/18、2018/8/23、2019/10/2 ／「ビズサプリ」 ／「プレジデントオンライン」2013/11/29、2014/7/4 ／「楽天イーグルス」2015/10/4 ／「楽天スポーツ」2007/3/14

366日　アスリートの名言

2021年6月15日　第1刷発行

定価(本体2,200円＋税)

編　集	ナイスク http://naisg.com
	松尾里央　岸 正章　福田実央
執　筆	落合真彩

装幀・装画	鈴木千佳子
ＤＴＰ	佐々木志帆(ナイスク)

発行人	塩見正孝
編集人	神浦高志
販売営業	小川仙丈　中村 崇　神浦絢子
印刷・製本	図書印刷株式会社

発行	株式会社三才ブックス
	〒101-0041　東京都千代田区神田須田町2-6-5 OS'85ビル3F
	TEL：03-3255-7995　FAX：03-5298-3520
	http://www.sansaibooks.co.jp/
	mail：info@sansaibooks.co.jp

３６６日
映画の名言

選・文　品川亮

ふつふつと闘志が湧き上がり、
心と頭が活性化され、身体中に
元気がみなぎる今日の名セリフ。

友は近くに、敵はもっと近くに置け。

『ゴッドファーザー PARTII』(1974年)

＊

自分が学んだことの質を信じるんだ。
量ではなくてね。

『ベスト・キッド』(1984年)

＊

斬新ってなんだ？
斬新さを求めるなんて古すぎるぞ。

『天井桟敷の人々』(1945年)

＊

仕事のやり方は３つある。正しいやり方、
間違ったやり方、それから俺のやり方だ。

『カジノ』(1995年)

定価2,420円(本体2,200円＋税)